男児のなぜ？どうして？がスッキリ!!

モンテッソーリ流

「才能がぐんぐん伸びる男の子」の育て方

モンテッソーリ育児アドバイザー
神成美輝 著
Kannari Miki

モンテッソーリ・ラ・パーチェ代表
百枝義雄 監修
Momoeda Yoshio

日本実業出版社

モンテッソーリ園ではどんなことをしているんだろう？

早稲田フロンティアキッズ、Meducare Bambino
（WASEDA Frontier kids）　（メデュケア バンビーノ）

間違っていても声をかけなければ、
自分で気がつく。（本文168ページ）

最初は飾りの紙はすくないが（①）、
続けるうちに増えてくる（②）。その
うちグラデーションの工夫や（③）、
クリスマスを意識した作品も（④）。
（本文126ページ）

子どもたちが編んだコースター。

男の子にとって、数字は遊び

男の子は数へのこだわりが強い。

編むのが大好き！　手先が器用な男の子に

ものを編みたがるのは、３本指の
訓練になるから。（本文62ページ）

スプーンで豆を移して指の訓練。（本文62ページ）

豆、ゴム、毛糸。何でもない物が最高のおもちゃ

紙で編んだバッグと、そのとってにするために毛糸を編む。男の子も指を使う編み物が大好き。
（本文62ページ）

3本指を使うのが上手になった男の子。

子どもが作業しやすい道具やスペース

テーブルをふくタオルは黄色、床をふく雑巾はオレンジ色、とそれぞれ同じ色のかごに入れる。（本文196ページ）

片づける場所が決まっていれば、ちゃんと戻せる。（本文191ページ）

ひいたコーヒー豆はママへのお土産。

本物の針でボタンをつける。
（本文136ページ）

わが家で実践している モンテッソーリ流のちょっとした工夫

秩序の敏感期の子どものために、駐車場に見立てた片づけ場所。おもちゃについた数字と駐車場についた数字を合わせれば、子どものお片づけがスムーズになる。（本文192ページ）

環境が整えば、何でも自分でできる！

忙しい朝でもほんの少しのお手伝い。自分のパンにジャムを塗る。牛乳は自分で注ぐ。小さい頃から自分のことは自分でできるような環境を用意する。

毎日お水をあげて野菜づくりの収穫体験をすると、嫌いな野菜も少しは食べられるようになるかも。（本文119ページ）

こだわりと意欲を生かせば、できることは何倍にも！

自分のものは自分で干したがるのが、所有の敏感期。

小麦粉粘土は雨の日の遊びにも大活躍。指先を使ってちぎったり、丸めたりして集中力も養われる。（本文64ページ）

はじめに

2人の小さな息子を連れて街を歩いていると、よく声をかけられます。

「今が一番大変よねー」
「大変なのは今だけよ。がんばって！」
「わかるわ～。私も男の子育てたから……」

この話を女の子ママにしたところ、「私はいつも『今が一番いいわよ～』って声をかけられるよ」と。このあまりの差！　それはいったいどこにあるのでしょうか。

先日も、図書館で息子2人が走り回ってしまい、来ていたおばあちゃんに「図書館は走らないところですよ。お母さん、お願いしますね」と注意を受けてしまいました。

私の配慮不足と反省したのですが、同時にこんなことを思い出しました。ちょうど昨年の同じ時期、夫と2人で息子を連れて来たとき、「来年の今頃は、ちょっとは楽になっているかな？」などと話していたのです。なのに、ちっとも楽になっていない。

それどころか、だんだん大変になっている？

「今が一番大変」といわれ続けて、早2年が経ちましたが、同じようなセリフをいわれ続ける毎日を送っています。きっと私と同じような状況にあるママたちもたくさんいるはずです。


私は今、1歳と3歳の男の子を育てています。

3歳の息子の出産を機に我が子の子育てに専念するため、いったん保育士という仕事を辞め、現在は2人の子育てに奮闘中です。

17年間保育の仕事に携わり、たくさんの子どもたちと関わり、たくさんの経験を積んだはずの私も、日々の育児はやんちゃ盛りの男の子2人に悪戦苦闘。スーパーに行けば走り回る、おもちゃの取り合いなんて日常茶飯事。それを止めるだけでも精一杯です。

それでも、「モンテッソーリ教育の理念は忘れずに」を心がけて、日々子どもたちと接しているつもりですが、気がつくと「ダメ！」とついいってしまったりなど、反省する日々です(笑)。

おそらくこの本を手に取ってくださった男の子を育てているお母さんならおわかりでしょうが、**男の子って大変なんです。体力もあります。何より私たち女性では考えつかないような行動をするので、わけがわからないのです。**

前著『知る、見守る、ときどき助ける　モンテッソーリ流「自分でできる子」の育て方』（日本実業出版社）は大きな反響をいただき、「子育てが楽になった」「子どもを見る目が変わった」などという声をたくさんいただきました。そのような反響の中で、皆さんが男の子の子育てに悩んでいることも知ることになりました。

そんなママたちの、**男の子の子育てが少しでも楽になるようにとの思いを込めて、本書の執筆に取り組みました。**

私が実践してみて「これは良かった」と思ったことや、園での経験をふんだんに盛り込んだ本となりました。この本を読んで、少しでも男の子の行動が理解できるようになってくだされぱとても嬉しいです。

モンテッソーリ教育は、マリア・モンテッソーリ（１８７０～１９５２年）という女性医学者・科学者により、イタリアで始められた教育です。
日本では藤井聡太七段の活躍によって広く知られることとなりましたが、実はビジネスパーソンの間では、十数年前から話題となり、お子さんをモンテッソーリ園に入れる方も増えてきたのです。それは、モンテッソーリ教育を受けた人の中に、特別な才能を開花させる人が少なくないから、というのが理由だと考えています。

Google の共同創立者セルゲイ・ブリンとラリー・ペイジ、Amazon.com の創立者ジェフ・ベゾス、Wikipedia 創設者ジミー・ウェールズ。
特に Google のこの2人は「自分たちの基礎をつくったのは、モンテッソーリ教育だった」とインタビューで述べるなど、ビジネスパーソンがモンテッソーリ教育を知るきっかけのひとつとなりました。
実際、マリア・モンテッソーリの誕生日には、グーグルのホリデイロゴ（検索ページの Google の文字デザイン）がモンテッソーリの教具になるなど、モンテッソーリ教育との深い関わりが感じられます。
このようなＩＴの巨人たちが受けた教育と聞くと「新しい教育法」と勘違いされる

方も多いのですが、そうではありません。

かのアンネ・フランクもモンテッソーリ教育を受けていましたし、イギリス王室のウィリアム王子はご自身だけでなく、２人のお子さんにモンテッソーリ教育を受けさせています。

欧米では実に、３割の子どもが何らかの形でこの教育を受けているといわれるほど、ポピュラーな教育法なのです。

モンテッソーリ教育を受けるためには、モンテッソーリ教育を実施している園や学校に入れなければならないのか、というとそんなことはありません。なぜなら、モンテッソーリ教育を行うために大切なのは、

▼**子どものことを知ること【↓知る】**
▼**子どもをよく観察して、見守ること【↓見守る】**
▼**環境を整え、必要なときだけ助けること【↓ときどき助ける】**

という考え方だからです。これは「親が子どもに接する態度」でもありますから、園でなくてももちろんできます。

どちらかといえば、家でこの態度を貫けるかどうかのほうが大切で、いくらモンテッソーリ園に通っていたとしても、親がその良さを理解して実践しなければ、効果は限定的なものになってしまいます。

本書には、お子さんを「知る」ための知識がたくさん詰まっています。それは次の第1章でお伝えする**「敏感期」**という時期に集約される知識です。この「敏感期」を知っているか、知らないかで、子育ては大きく左右されるといってもいいくらい大切なことばかりです。

「敏感期」という言葉に初めて触れた皆さんは、お子さんの今の時期はどのようなものか、子どもの中で何が起こっているのかを、お子さんの普段の様子を思い浮かべながら読み進めてください。

もうひとつの柱は**「観察」**することです。お子さんは様々なこだわりを持っています。**特に男の子はこだわりのある子が多いかもしれません。**

マリア・モンテッソーリは、「科学者のような目で子どもを観察しなさい」と私たちに伝えています。それは**親にとってみると不可解な子どものこだわりの中に、子どもの能力を大きく伸ばすヒントが隠されているからです。**

第2章では、男の子のこだわりの中から、自立と才能につながるこだわりの、今すぐできる見守り方をお話ししていきます。

第3章では、男の子がやる気になる声かけをお教えするとともに、やる気を大きく削いでしまう声かけもご紹介しました。口癖にするなら、子どもの成長にプラスの声かけを。簡単なものばかりですから、すぐに使ってみてください。

最後の第4章は、環境の整え方です。ママたちが頭を悩ませる男の子のトイレトレーニングやお片づけについては、ここで詳しくお話ししています。

それでは、モンテッソーリ流の男の子の育て方についてお話ししていきたいと思います。

２０１８年5月　神成 美輝

男児のなぜ？ どうして？ がスッキリ!!
モンテッソーリ流「才能がぐんぐん伸びる男の子」の育て方

目次

コップの順番とお皿の順番はこうなの！
ピッカ〜ン
タハハッ

第2章

男の子のこだわりには、「自立」を促し「才能」を伸ばすヒントがいっぱい！

ジリリリリッ
ポチッ

第3章

「かける言葉」を変えれば、男の子はぐんぐん伸びる

第４章

「男の子の才能がぐんぐん育つ」環境の整え方

カバー★萩原 睦（志岐デザイン事務所）
カバー・本文イラスト★横井智美
口絵写真★松沢雅彦（1 〜 4p）、神成美輝（5 〜 6p）
本文デザイン・DTP ★ヤミイワークス（宮崎貴宏）
編集協力★黒坂真由子

第1章

そもそも「敏感期」って何だろう?

マリア・モンテッソーリが大切にした「敏感期」

「モンテッソーリ教育で何が一番大切ですか?」と聞かれたら、私は迷わず**「敏感期を知ることです」**とお伝えします。これはマリア・モンテッソーリが大切にした、現在でも変わらずモンテッソーリ教育を貫いている大きな柱です。

「敏感期」については、前著においても、詳しく説明しました。しかし、モンテッソーリ教育を語る上で絶対にはずせない内容なので、本書でも第1章を使って説明していきます。

すでに「敏感期」についてわかっている、という方は、第2章から読み進めていただいてもかまいません。ただ、それぞれの敏感期の例では、男の子特有の行動を解説していますので、ちょっと目を通していただくのもいいかもしれません。

「敏感期」はいわゆる「イヤイヤ期」と重なっています。そのため、多くの親御さんが、一見わけのわからない子どもの行動を「わがまま」と決めつけたり、「ダメ」と禁止したりしています。子どもの行動の裏には、それをする理由があるのですが、「敏感期」を知らなければ、親はそのことに気づくことができません。

この時期を「敏感期」と知って子どもに接するか、「イヤイヤ期」として対処するかで、その子のその後の能力は大きく変わってきます。

あまり聞くことのない「敏感期」。それはどのようなものなのでしょうか。

「敏感期」とは、子どもが

- **ある目的のために**
- **あるときにだけ**
- **何かに対して**
- **非常に強く反応する**

時期のことです。これは人間だけのものではなく、生物共通のものです。モンテッソーリはある毛虫の例で説明しています。

毛虫の幼虫は生まれてすぐに、「光」に対して非常に敏感に反応します。そのため光を求めて、木の上のほうへと登っていきます。木の上には、小さな幼虫が食べられる若い葉っぱがあります。そこで幼虫は柔らかい葉を食べて大きくなります。

そして、硬い葉でも食べられるようになると、幼虫はだんだんと光に対する敏感さを失い、木の下へと移動し、他の葉っぱも食べるようになります。小さな毛虫はこのようにして、誰に教わるでもなく若い葉っぱを食べるということを学ぶのです。

子ども時代に表れる人間の敏感期は、イヤイヤ期と重なる1歳半〜3歳頃に特に強く現れます。その内容は大きく分けると、次の4つです。

▼秩序の敏感期……「順序」「習慣」「所有」「場所」にこだわる
▼運動の敏感期……「体の運動」「指先の運動」にこだわる
▼社会的行動の敏感期……「お手伝い」などにこだわる
▼言語の敏感期……「読み書き」などにこだわる

第1章ではこれらの「敏感期」を詳しく説明していきます。

毛虫は生まれてすぐ光に“敏感”に反応する

「敏感期」の子どもは、親には「わがまま」と映る

敏感期に親が困るのは、それが親の目には「わがまま」と映るからです。後ほど詳しく説明するように、この時期の子どもは、おもちゃを人に貸すことができません。

これは**所有にこだわることで「所有の概念」を育てている**からなのですが、敏感期を知らなければ、「お友だちにおもちゃを貸しなさない！」と怒ってしまうことでしょう。

しかし、子どもにしてみれば、「所有という概念を身につけるために**（ある目的のために）**、0歳〜6歳頃**（ある時にだけ）**、〝ものと所有者〟という秩序に対して**（何かに対して）**、敏感になる**（非常に強く反応する）**」、という発達の段階を踏んでいるに過ぎません。

実際に「お友だちにおもちゃを貸せない」という段階は、すべての子どもが経る成長の過程です。これが敏感期が本能であるといわれる所以《ゆえん》でもあります。

もしお子さんがおもちゃを貸せない時期になったら、**「所有の概念が育っている」と思えばいいだけ。**間違っても「わがまま」「自分勝手」などの人格を否定するようなレッテルを貼ってはいけません。

先日、我が家に遊びに来た3歳のユウ君。息子と一緒にテラスで遊んでいたときのこと。気がつくとテラスにあった靴が一足もありません。ユウ君に「靴はどこにいったの?」と尋ねると、下を指さします。大人は一瞬「?・?・?」。

実はテラスのちょっとした隙間から、そこにあったサンダルや靴をすべて外に落としたのです。思い返すと、公園に遊びに行ったとき、ユウ君は棒を小さな穴に落としていました。**「指でつまんで落とす」ことにこだわる敏感期**だったのです。

下に靴を落とすことはいけませんが、敏感期を知っていれば、このようなときにも子どもをひどく怒らないですむのです。

親にできることは、子どもを「観察」すること

特に**秩序の敏感期における、「順序」「習慣」「所有」「場所」などの概念は、言葉で教えれば身につくといった簡単なものではありません。**例えば、仕事や毎日の生活に必要とされる段取りをつける能力。大人になってからこの能力を身につけようとしても非常に難しく、なかなかうまくいかないものです。

段取りをするためには、物事の順序がそれぞれきちんと頭に入っていないといけません。

例えば料理。ご飯が炊きあがるには50分かかるから、最初に炊飯器のスイッチを入れる。お味噌汁の出汁をとりながら、主菜のハンバーグをこね始める。ハンバーグのタネを冷蔵庫で20分寝かせている間に、サラダをつくる、など。料理ひとつとっても、これだけの段取りが必要です。

このような力を育むことができた人というのは、**子ども時代の敏感期に自分の中にある「順序」をかたくなに守ってきた人**です。

子どもの中にある順序というのは、例えば洋服を着る順序、ご飯を食べるときの順序、お風呂で体を洗うときの順序など、様々です。日常生活そのものが順序として認識されていることも多いものです。

しかし一様にいえるのは、この(親が知らない子どもの)順序が乱されると、子どもは混乱し、怒ったり、泣き叫んだりするということです。

子どもは独自の順序を「守らなければならない」と強く感じていますから、急がせたり、予定を変更したりするのは、難しいのです。

ですから親は、普段の生活の中で**子どもをしっかりと観察し、「どんな順序を持っているのか」を知っておかなければなりません。**

敏感期に得るのは生きるための「型」

敏感期を、私は生きるための「型」を身につける時期だと考えています。

言葉で教えるだけでは身につけることができない、「順序」「習慣」「所有」「場所」などの概念を体得し、様々な生き方の「型」を学び、同時に体や言葉も著しく成長します。

何かに強いこだわりを見せるのは、子どもの本能。この時期の子どもにとっての「イヤイヤ」は、子どもの将来の才能、人間関係、社会性などに関わる才能を培うためにある「敏感期」なのです。

ですから「敏感期」を知ると、子育てがとても楽になります。なぜなら、子どもの「イヤ」の背後にある理由が何か、わかるようになってくるからです。

そして、その**こだわりを否定するのではなく、大切にできれば、お子さんの能力はどんどん伸びていきます。**段取り力、継続力、集中力、勉強の習慣といった、親が身につけてほしいと願う力は、敏感期を知り、お子さんを観察し、そのこだわりを伸ばすことで、手に入れることができます。

それではそれぞれの「敏感期」を細かく見ていきましょう。

敏感期は生きるための「型」を身につける時期

「順序」にこだわる

敏感期にある子どもは、非常に「順序」に対するこだわりを見せることがあります。

子どもの中には、これまでの経験から獲得した「独自」の順序ができ上がっていて、それを守りたいという強い欲求があります。

この順序自体は、大人にとってみれば、正しくもないし、効率的でもないことがほとんどです。しかし、大切なのは、**「順序」という概念を、この時期に子どもがまさに体を使って「体得」するのだ、**ということです。

将来、物事を順序立てて行ったり、仕事の計画を立てたりすることが上手にできる人というのは、敏感期に「順序」という概念を手に入れた人なのです。

先日、私が「失敗した」と思ったのは、嫌がる1歳の息子に食事用のエプロンを無理やりつけて、大泣きさせてしまったことでした。手を洗った後に、首にエプロンをつけたのですが、ひどく嫌がり、泣きながら自分で取ってしまうのです。私も「なんでつけないの!」とひどく叱ってしまいました。

しかし後からよく考えると、息子はいつも「椅子に座ってから」エプロンをつけていることを思い出しました。息子としては、いつもの「順序」にこだわっていただけであり、決してエプロンをつけるのがイヤだったわけではなかったのです。

イヤなのは、順序が守られないから

このようなことは、よくあるものです。私たち大人は、「子どもが順序を守ろうとしている」ということを知りません。ですから、「日の前で起こっていること」自体を子どもがイヤがっていると勘違いしているのです。先の例でいえば、「エプロンをつけること」自体をイヤがっていると思い込んでしまうのですね。

しかし、そうではありません。**息子は順序が守られないことをイヤがっていたのです。**ご飯のときのいつもの順序を、私は見逃していたのです。

マリア・モンテッソーリが

「子どもを科学者のような目で観察しなさい」

といったのは、このように目の前で起こっている事象を引き起こしている本当の原因を知っていたからです。

今日から、お子さんをよく観察してみましょう。

洋服を着るとき、靴を履くとき、ごはんを食べるとき、お風呂に入るとき、**決まった順序はありませんか？　何かを同じ順番でしていませんか？**

もしそうであるなら、その順番を尊重してください。そうすれば日常生活の中での子どもに対する徒労感が、ずいぶんと減るはずです。

ママ、「順序」を間違えないで!

秩序の敏感期②

「習慣」にこだわる

我が家では習慣としていることが、いくつかあります。

例えば、幼稚園の登園リュックに入れるものを別のかごに用意しておき、自分でリュックにお弁当や水筒などを詰めさせます。

そうすると、かごの中にあったものがなくなると、リュックの中に入れたことが子どもにも見てわかるため、忘れ物がありません。

同様に帰って来たら、そのかごの中にお弁当や水筒、お便りファイルなどを入れます。こちらとしても、お弁当箱の洗い忘れや、お便りのチェック漏れがなく、重宝している習慣です。

もちろん子どもは最初からはできないので、一緒に手伝いながらやるのですが、回数を重ねると自分で朝やることがわかってきて、かごにものを用意してあげるだけで

幼稚園の準備完了!

幼稚園に持って行くものを準備しようね。
?
お弁当、水筒、お便りファイルを
リュックに入れます
!
かごが空っぽ
用意できました
数日後……
さあ、準備するよ
ボクが入れる
1ヵ月後…
ほっ…助かる〜
よし、できた!
洗いもの
!
ママの準備もしてあげる

後は勝手に自分で幼稚園の用意をしてくれます。このように習慣にこだわることを利用すると、親にとっても、子どもにとっても、朝の忙しい時間に少し余裕ができます。

テレビを見ている子どもの横でママが用意をするよりも、自分で手を動かし、自分で用意をしたほうが、幼稚園に行ったときにどこに何が入っているのかがすぐにわかります。自分で用意をするほうが、子どもにとってもいいのです。

男の子のママはついついかわいさ余って手を出してしまいがちですが、子どもの習慣へのこだわりを刺激できる環境を工夫してみてください。

もっと大きな視点で見ると、日常生活そのものが習慣であるともいえます。幼稚園や保育園に通っているお子さんであれば、もしかすると土日にうまくお出かけできないことがあるかもしれません。

おばあちゃんの家に行くと約束した土曜日。出かけようとしたら、「僕は行かない」といって駄々をこねる。ママは「おばあちゃん、楽しみにしているのに！」と怒ってしまいます。これは、**平日と違うスケジュールで過ごすことが、子どもにとってイヤなことだからです。**スケジュールについては詳しくは94ページでご説明します。

我が家の収納・整理

親がかごの中に、リュックに詰めるものを準備する。子どもに余裕ができれば、それも自分で準備する。ここまで準備ができたら、リュックにものを詰めるのだが、秩序の敏感期を刺激して詰める順番を①お箸入れ②お弁当、などと決めておくと、自分で「①番は○○」というように唱えながら入れるので忘れ物予防にもなる。

帰ったら、同じ箱に同じようにリュックのものを入れて、リュックを空っぽにすると、出し忘れもない。

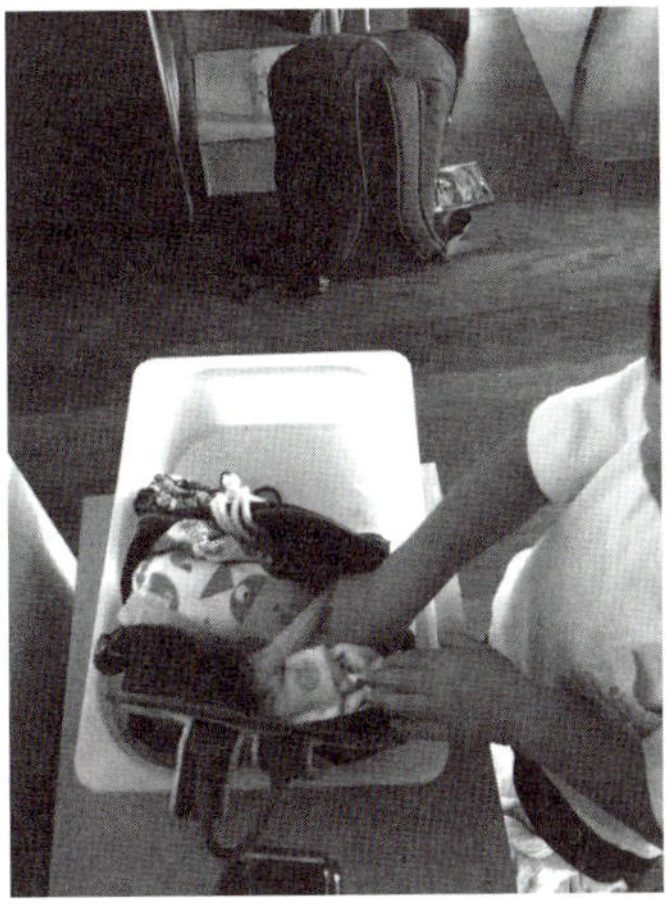

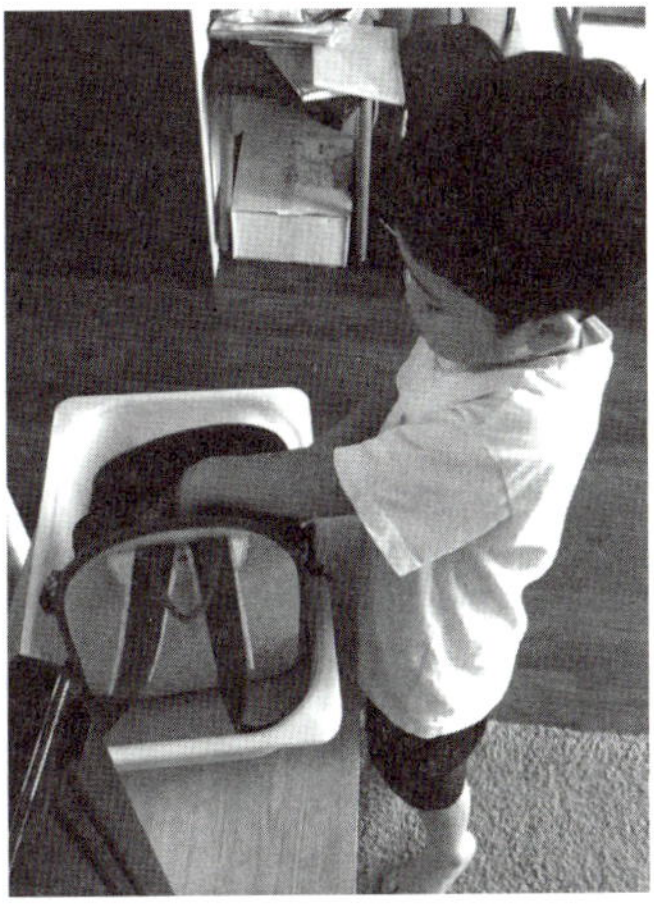

秩序の敏感期③

「所有」にこだわる

男の子はおもちゃを貸すことができません（笑）。**子どもたちをずっと見てきた経験からいえば、男の子のほうが所有の意識は強いようです。**

家にお友だちが遊びに来たときのパターンといえば、自分のおもちゃをお友だちが使おうとして、ケンカになり、「遊びに来てもらったのに、おもちゃも貸せないでごめんね」といって終わる……。これは男の子がいるどこのご家庭でも同じかもしれません。

よくよく考えると、「貸す」ためには、まず「自分のものである」という所有の概念が必要になります。**「所有する」ということがわかって初めて、「自分のものを人に貸す」ということがわかるようになるのです。**

ですから、「おもちゃを貸せない」という経験は、その後の「貸す」に進むための大きな一歩でもあるのです。

まずは気持ちを受け止める

大切なのは、まずは子どもの気持ちを受け止めることです。

「そうだよね。○○君のだもんね」

と、所有の権利を認めることです。

このように認めてもらえると、そのときは貸すことができなくても、徐々にお友だちにおもちゃを貸せるようになっていきます。ですから、「貸さない」というお子さんに、「そんなこといわないの！」「わがままなんだから」などというのは禁物です。

特に「わがまま」「自分勝手」「意地悪」といった、人格を否定するような言葉はいけません。お子さんは、この時期、「所有」という概念を理解している途中なのであって、決してわがままなどではないからです。

お友だちに何かを貸さなければならないときには、子どもに自ら決めさせるといいでしょう。

「どのおもちゃなら貸してあげられる?」

のように、子どもの意見を聞くようにします。

小学校に上がるくらいまでは、所有に対する敏感な態度は続きます。この時期にしっかり所有の概念を身につけることは非常に大切です。

特に男の子は、小学生になると様々なカードゲームで遊ぶようになります。カードを「集める」「交換する」「あげる」「もらう」「貸す」「借りる」などの行為がきちんとできないと、お友だちとうまく遊ぶことはできません。その前の「独り占め」する期間は、あくまでもその後の高度なコミュニケーションの準備段階なのです。

次回、お子さんがおもちゃを**独り占めして困ったときには、「所有の概念が育っている」と思って、見守ってあげられるといいですね。**

おもちゃバトル勃発！

A君の家で…
!
おもちゃでケンカに…
ダメー
バッ
B君の家でも…
ごめんなさいね
いえ
こっちこそ…
オホン
大丈夫！今この子たちは敏感期！「所有」の概念を学習中なのよ
あっお母さん
どのおもちゃなら貸してあげられる？
「わがまま」や「自分勝手」は禁句ね！
ハイ

秩序の敏感期④

「場所」にこだわる

場所にこだわる時期に、その性質を生かして環境を整えると、お片づけができる子どもに育ちます。ですからこれはママにとっては、見逃せない敏感期です！　なぜなら、**場所にこだわる時期にある子どもは、「いつもあるところに、あるものがない」ということが、気持ち悪くて仕方ない**からです。

幼稚園や保育園では、自分の靴箱にマークやシールが貼ってありますよね。これは、子どもの場所にこだわる敏感期の性質を利用してのものです。

ですから、家の靴箱にもお子さんの場所にシールを貼るなどすると、子どもはその同じ場所に靴をしまうようになります。

玄関の床に、靴の形になぞった紙を貼っておくだけでも違います。パズルのようにそこにピタッと靴を置くのがこの時期の子どもです。玄関の靴の脱ぎっぱなしがイヤ、というママはぜひ試してみてください。

ものはいつも同じ場所に置く

この時期の親が気をつけなければならないのは、ものの配置です。同じものを同じ場所に置くようにするようにしましょう。子どものものは特に、です。

我が家では1歳の息子のおむつとおむつ用のゴミ箱の位置を決めています。息子は「おむつを替えてほしい」と思うと、そこへ行っておむつを1枚取って私のところに持ってきます。そして替え終わると、使用済みおむつをゴミ箱に持って行って捨ててくれます。

場所にこだわっているのですから、同じものを同じ場所に置いておけば、子どももスムーズに活動ができるのです。

モンテッソーリ園では、先生たちも**「同じものを同じ場所に戻す」ということを徹底して行っています。それは場所への敏感期があることを知っているからです。**そのようにすると、子どもたちが自ら片づけてくれる、ということがわかっているからです。

園ではきちんとお片づけができているのに、家ではできないという場合は、その子自身の問題ではなく、家の環境が子どもの場所へのこだわりを生かすものになっていないと考えることができます。

私は個人のお宅で、モンテッソーリ教育ができるようにアドバイスをしているのですが、片づけができない一番の原因は、ものが多すぎるということです。子どもの場合は、おもちゃと洋服です。

お子さんをよく観察してみてください。すべてのおもちゃで遊んでいますか？　すべての洋服を着ているでしょうか？　遊んでいるのはいつも同じおもちゃ、着ている洋服はいつも同じ、ということが多いはずです。**敏感期の習慣や所有にこだわる子どもというのは、繰り返し同じものを使う、という傾向が強いからです。**

ですから、おもちゃや洋服は、たくさんはいりません。必要ないのです。おもちゃ

我が家の靴の置き方の工夫

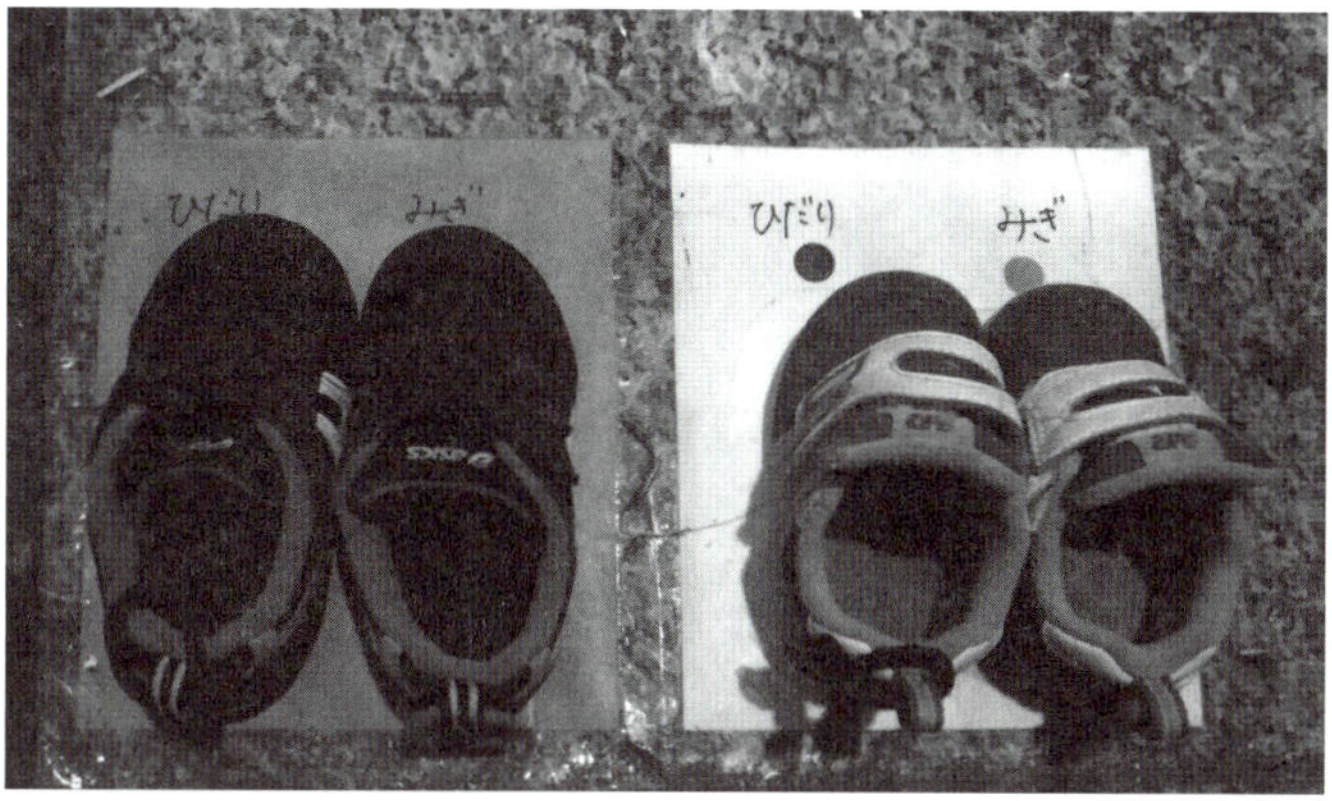

同じ場所にこだわるこの時期、我が家では兄は青色の紙（左）、弟は黄色の紙（右）の上に足型を貼って、靴置きにしている。また、左右履き間違える対策として、靴の後ろに左は青、右は赤の紐をつけて靴置きにも印をつけている。

そうすると、左右反対に間違えて靴を置くこともなく、履くときも左右履き間違えが防げる。そして、靴に紐をつけることで子どもも指を引っ掛けて靴が履きやすくなる。

であればお気に入りトップ3くらいが手の届くところにあれば十分です。

カイ君は3歳の頃、「どんぐり柄」の洋服しか着ない時期がありました。「どんぐり柄」の洋服はなかなか売っていないため（笑）、ママは3枚のトレーナーを洗濯し続けたとか。どうせそうなら、思い切って枚数を絞ってしまうと、自分で引き出しから洋服を出したり、しまったりできるようになります。

ぎゅうぎゅうに詰まった引き出しでは、小さな子どもにとって出し入れは難しすぎますね。片づけについて詳しくは191ページでもお話しします。

コップとお皿の順番はこうでなきゃ

運動の敏感期①

「体の運動」にこだわる

運動へのこだわりは大きく分けて2つあります。ひとつは体を動かすこと、もうひとつは指先を使うことです。

体を動かすという中で、特徴的なのは「細いところ、高いところを歩きたい」という衝動です。お出かけしたとき、ちょっとでも高い段差があると、子どもは必ずそこに乗って歩きますよね。道路横の縁石は、細くてちょっと高いので、子どもの欲求にぴったりとはまるため、歩かずにはいられないのです。

このような細いところ、高いところを歩くことで、子どもはバランス感覚や運動能力を養っています。体の運動能力をつかさどるのは脳ですから、**この時期の子どもたちは、細いところを歩いたり、高いところに登ったりすることで、体と同時に脳を鍛**

えていることにもなります。

特に男の子には「高いところに登りたい」という衝動が強いようで、抱っこしたときに、足を使って人の体を駆け上がろうとするのは、決まって男の子です。小さな頃から椅子やテーブルに乗ったり、柵を乗り越えようとするのも男の子でしょう。おんぶされた背中から、ジャンプして飛び降りた子もいました（怪我がなくて良かったのですが）。男の子ママは、本当に気が気ではありません。

危険を回避するためには、公園など安全な場所で思い切り遊ばせることです。ジャングルジムや滑り台など、高いところへ登らせてあげましょう。もし、家でテーブルなどに登りたがったときには、根気強く、

「登るのは、公園のジャングルジムだよね」

といい聞かせます（もちろん、すぐに忘れてまたテーブルに登ろうとしますが）。

男の子は登りたがり

衝動は抑えられない。大人が環境を整える

家の環境づくりは、安全のために何より大切です。椅子とテーブルが一緒になっていると、椅子を足場にしてテーブルに登ってしまいます。

この時期は椅子を片づけておくなどの工夫が必要です。ベランダの室外機や物干しざおなどを伝って、柵を乗り越えてしまうという悲しい事故も毎年発生しています。運動の敏感期にある2、3歳の子どもに多いのが特徴です。

子どもの「登りたい」という衝動を抑えることは難しいですから、危険が及ばない環境を大人が用意することが必要です。

線の上を歩こう。「線上歩行」

高いところに登らなくても、「バランス感覚を養いたい」という、子どもの内なる欲求を満足させることができる方法があります。それがモンテッソーリ教育で行っている**「線上歩行」**です。

広めのスペースに白い線で丸を描き、その上を好きなものを持ちながら、静かに歩きます。大きいスプーンの上にピンポンボールをのせたものを持ったり、ワイングラスを持ったり。子どもたちが選ぶ道具は様々です。歩くのが上手な子は、頭の上にお手玉を乗せて歩きます。いずれもバランスを保ちながら歩く練習になります。

この「線上歩行」の時間は、単にバランス感覚を養うだけでなく、心を落ち着ける時間でもあり、私たちは「静寂の時間」と呼んでいます。

子どもたちはクラシックの音楽を聴きながら、黙って静かに線の上を歩きます。子どもにもできる「禅」です。2歳の子もたまにいますが、主には3歳〜5歳の子です。

いつもは元気で動き回っているような男の子でも、この時間だけはとても静かに過ごしてくれます。そして、その後、朝の会を始めるのですが、子どもたちは静かにしなさいなどといわずとも、お当番さんが「今日は○月○日月曜日です。今日の天気は晴れです」と話しはじめると静かに耳を傾けています。

これはリビングなどを使って家でもできます。白いビニールテープを貼ってもいいですし、バスタオルを丸めたものをいくつか組み合わせてもいいですね。バスタオルだと高さができるので、バランスをとる練習としていいかもしれません。

「線上歩行」は心落ちつける時間

「指先の運動」にこだわる

モンテッソーリ園には、「お仕事」と呼ばれる時間があります。これは、子どもたちが好きな作業をしていい時間です。棚には、主に指先を使う様々な道具が置かれています（口絵1～4ページ）。

一般的な保育園や幼稚園では、「今日はお絵かき」「明日は工作」など課題が決められ、皆が同じことをするようになっていますが、モンテッソーリ園は違います。「お仕事」の時間になると、それぞれの子が自分の好きな道具を選んで、自分の気に入ったお仕事をします。

小さい穴にボールを落としていく子、トングで豆をつかんでお皿に移す子、ヒモをストローに通す子、ピッチャーを使って水をコップに注ぐ子。それぞれが自分の気に入った「お仕事」をすることができるのです。

私たち大人は、細かい作業のほとんどを「親指・人差し指・中指」の3本の指で行っています。お箸、鉛筆、針など、すべてこの3本指が基本です。3本指が上手に使えるようになると、複雑な動きが必要なハサミ、包丁も上手に使えるようになります。例えばスプーン。小さい頃は5本指すべてを使って、上から「グー」の形で握ります。しかし、大きくなるにつれて、大人が持つように下から3本指で支えるように持つようになります。赤ちゃんの頃の5本指すべてを使った方法から、3本指の使用へと変わっていくのです。

しかし、これは自然にできるものではありません。子どもはあらゆる機会を見つけて、この指をうまく使う練習をしています。お子さんがペットボトルのふたを開けたがったり、はさみを使いたがったりするのはそのためです。

ですから、お子さんが手先を使った作業をしたがるときには、ちょっと面倒かもしれませんが、ぜひさせてあげましょう。**将来の器用さは、この時期にどれだけ指を使ったかで決まってくるからです。**

オススメの小麦粉粘土遊び

家でも簡単にできる指先を使う遊びをご紹介しましょう。私が今、子どもと楽しみつつ行っているのが、**小麦粉粘土**です（口絵6ページ）。材料は、左記の通りです。

・小麦粉　300g　※小麦粉アレルギーなら米粉
・水　80～100cc
・油　少量
・塩　小さじ1

これらを混ぜあわせてこね、耳たぶくらいの硬さになるように調節して、普通の粘土のように遊ぶことができます。冷蔵庫で密閉袋に入れて1週間ほど持ちますし、何でも口に入れる時期のお子さんには、もし食べたとしても安心です。

たまに、つくりたての粘土を焼くこともあります。焼くと見た目はクッキーみたいになり、それを使ってごっこ遊びもできます。食紅を入れれば色をつけることもでき

楽しい小麦粉粘土づくり

ますから、工夫してみましょう。

非常にいい指先の運動になりますし、創造力を育むこともできます。

お豆でもできる運動

お豆は、よくモンテッソーリ園でも使っています。

「豆移し」や「豆つかみ」。スプーンですくったり、トングやお箸を使って豆をつかんで隣のお皿へ移します。豆は大きさも様々なので、その子のレベルに合うものを用意します。色々大きさを混ぜてみてもいいですね。

ただし、小さい豆は、鼻や耳に入れたくなる男の子がいるので、ちょうど「鼻の穴サイズ」の豆を使う場合には、そばについていてください。


豆は他にも使えます。

子どもは水やお茶を自分で注ぎたがるものですが、いきなり液体だと結構難しい。そこで豆を使います。最初は大きな豆で注ぐ遊びをします。大きな豆に飽きたら、小さい豆やお米に変えてもいいでしょう。

お米サイズで上手にできるようになったら、水で練習を。そうすれば、お茶を自分で注いで飲めるようになり、「ママ、お茶〜」と呼ばれることもなくなるでしょう。

いずれの遊びでも、次の段階に進むタイミングは、子どもが現在取り組んでいることに満足してから。**同じ作業を飽きるまですることで、子どもは自分の手の動きなどの微調整をしていきます。**決してステップアップを急がないようにしてください。

「社会的な行動」にこだわる

子どもの中では当初、地球は自分を中心に回っています（笑）。所有の敏感期にある子がおもちゃを貸せないのは、ある意味当然。だって世界は自分のものなのですから。そんな自分の王国に住んでいた子どもたちが、**少しずつ「社会」というものに気がつきはじめる時期が「社会的行動の敏感期」です。**

この頃から子どもは、自分はひとりなのではなく、あるメンバーの一員なのだと学んでいきます。

社会の最初の単位は「家族」

子どもにとっての最初の単位は「家族」です。ですから、**家族で何かを一緒にする**

ということがこの頃とても大切になります。

例えば食事です。一緒に食べることで、自分は「このメンバーの一員なのだ」ということを子どもは体得していきます。そして、大人やお兄ちゃん、お姉ちゃんのお箸やスプーンの使い方を見て、真似をしたりするのです。

アメリカのある家庭では、「塩をとって！」という3歳の息子さんに、「ちゃんと『プリーズ』をつけて頼みなさい」ということを、繰り返し教えていました。家族での食事の中で、社会に出てどのように振る舞うかということが、実践的に教えられていたのです。

保育園で話を聞くと、最近は夕飯を子どもだけが先に済ませて、ママは後から、というご家庭も多いようです。そのほうが汚れないし、自分もゆっくり食べられるからということのようです。

しかしこれでは、子どもはいつまでたっても「お世話をされる対象」。実際に、かなり大きくなっても、ママに食べさせてもらっている子も多く、いつまでたってもひとりのメンバーとして食事に参加する形にはなりません。

もちろん、ひとりで食べさせると食べ散らかしてしまう子も多いでしょう。でも、こぼしても仕方ない。しばらくは腹をくくるしかありません。

椅子の下にマットや新聞を敷いて、こぼしてもすぐ片づけられるように準備をしておく。フィンガーボールを置いて、食べこぼしはそこに入れるようにするなど、ちょっとした工夫で随分と楽になります。水をこぼすのが不安なら、小皿でもＯＫ。

食べこぼしの量が目に見えて減っていくと、それはお子さんの達成感にもつながります。

お風呂もできれば湯船に一緒に入るのがいいですね。スキンシップが苦手なママも増えているようですが、お風呂は一緒に入るだけで最高のスキンシップになります。子どもとくっついているのが苦手と感じるママがもしいたら、お風呂だけでも一緒に入ってみてはいかがでしょうか。

ママが男の子と一緒にお風呂に入る期間はそんなに長くはありません。一緒に入れるこの時間が、きっと親子ふたりにとって、大切な思い出になるはずです。

「お手伝いする!」は社会性が育っている証拠

この時期「お手伝いする!」という子どもたちも増えてきます。園の3〜5歳クラスでは、私が「誰か手伝って〜!」と声をかけると、みんなが走って寄ってきます(笑)。**誰かを助けたい、役に立ちたい、という気持ちが育っているからです。**

お手伝いについては、第2章で詳しくお話ししますが、大人がしなければならないことは、子どもの気持ちを尊重することです。

この時期の子どもの「お手伝い」は、実際にはかなりの確率で、親の仕事を増やしてしまいます。

お盆を運べば落とす、お茶を注げばこぼす、お皿を持てばひっくり返す……。それでもお手伝いをさせたほうがいいのです。何より大切なのは、子どもの社会性を伸ばすことですから。

子どもに投資するというのは、お金をかけてたくさんの習い事をさせることではありません。このように身近で、ママたちにとってはちょっと厄介な「お手伝いをさせる」ということは、実は子どもへの大きな投資です。

ここで存分にお手伝いをして、**たくさんの「ありがとう」を受け取った子どもは、社会の中で人の役に立ちたいという気持ちをじっくりと育《はぐく》むことができるのです。**

一番簡単（？）なお手伝いとは

そうはいっても、なかなかお手伝いをさせてあげることができない、ということもあるかもしれません。そんなときにぴったりのお手伝いがあります。それは「あいさつ係」です。朝起きたとき、マンションの管理人さんに会ったとき、園の先生に会ったとき、真っ先にあいさつをする係です。

これならママの手をわずらわせることはありませんし、社会への参加という面においても、大きな意味があります。そして**あいさつをすることの気持ち良さを知った子どもは、「係」の仕事が終わっても、ちゃんとあいさつをするようになります。**これが一番の収穫です。

買い物のお手伝い

トシくん八百屋のおじさんにお金はらって!
トマト300円です
うん
夕食時…
このトマトはトシくんが買ってくれたのよ
買い物のお手伝いしてくれたの?
えへへっ
おいしいトマトだね
トシが選んでくれたトマト
とってもおいしいなー
うん

「言語」にこだわる

保育園や幼稚園で働いていると、数年にひとりくらいまったく話さない男の子に出会います。男の子が「言語の敏感期」に入るのは、女の子に比べて遅いことが多く、自分の中に言葉がたまっていても、それを出さない子もいます。

当時3歳だったハルト君。入園してから3ヶ月間、ひと言も言葉を発しませんでした。お母さんに家での様子をたずねると、家ではまあ普通にしゃべっているとのこと。何か思うところがあって、園では「話さない」と決めているようでした。

こんなときには基本、待つことが一番です。**いつかは話すようになるとのんびり構えているのがいいのです。** 間違っても「何でしゃべらないの？」などといってはいけません。

ハルト君がある日砂場で遊んでいたところ、つい楽しくなって「あー、楽しー」と言葉が口から出てしまいました（笑）。そしてそれを境に、一気に話すようになりました。

機関銃のように話すようになったのには、先生一同驚かされましたが。無理強いせず、ハルト君が「みんなと話したい」という気持ちになるのを待ったことが、プラスとなった出来事でした。

必要に迫られれば、話すようになる

必要に迫られると、話し出す子もいます。

私が保育園の園長をしているときに出会った4歳のコウタ君。お姉ちゃんが3人いるコウタ君は、何もいわなくてもママを含めた4人の女子たちが身の回りの世話を焼いてくれていました。

自分が何かを欲する前に、すべて準備完了。つまり、話す必要がなかったのです。また、そんな年上の女子ばかりの食卓では、コウタ君の話す順番は回ってきません。お姉ちゃん3人がいつも大きな声でペチャクチャ話をしているからです。

そんなコウタ君は、園でも話をしませんでした。例えば、おかわりが欲しいときは、家でそうしているように先生をじっと見つめる（笑）。先生も慣れていますから、「ああ、おかわりだね」「ぶどうが欲しいんだね」などといって、コウタ君のお皿に乗せてあげていました。

そんな状況が続いているのを見た私は、担任の先生に「おかわりは、コウタ君が欲しいものをいってからあげよう」と提案しました。

欲しいものをいわないとおかわりがもらえなくなった食いしん坊のコウタ君は、あっという間に「ごはん、ください」「りんご、ください」といえるようになりました。それにつられて、普段の言葉も少しずつ増えていきました。


男の子は女の子に比べると、話をしない子が多くいます。何らかの理由で話さないと決めている子もいますし、話す必要性を感じないために話さない子もいます。また、自分の中に言葉がたまるのを待っている子もいるでしょう。

お姉ちゃんを持つ親御さんは特に、女の子と比べて話さない息子を不安に思う方が

話さない子が口を開いたら

多いようです。しかし、問題のないことがほとんどです。話すのを無理強いするのは良くありません。

もしかすると例にあげたコウタ君のように、要望をいう前に周りがそれを叶えてしまっている、ということがあるかもしれません。相手が言葉を発するのを待つということも、必要なのです。

お手紙交換をするのは、女の子

女の子は3、4歳くらいになると、小さな紙に字を書いて、「お手紙交換」を始めます。それを見た男の子ママは「うちの子は全く字を書けないのに、お手紙なんて……！」びっくりしてしまうのですが、あせることはありません。男の子でお手紙交換をする子なんてほとんどいませんから（笑）。

お手紙交換という段階を経なくても、男の子も「字を書きたい」と思う時期が来ます。あせって無理やり書き取りなどをさせて、字を書くことを嫌いにさせないことのほうが大切です。

第2章

男の子のこだわりには、「自立」を促し「才能」を伸ばすヒントがいっぱい！

男の子は、こんなところにこだわる

こだわりには、子どもを伸ばすヒントが多く隠されています。こだわりについて、私は3つの「み」でお伝えしています。それは、

▼**みつける**
▼**みとめる**
▼**みちびく**

です。**「みつける」**とは、マリア・モンテッソーリがいう、子どもの観察です。子どもがなぜその行動をしているのか。なぜ嫌がっているのか。背後にある理由は何か。子どもをしっかり観察していると、だんだんとその理由がわかってきます。

こだわりを見つけたら、それを**「みとめる」**こと。「そんなの何も役に立たない！」と思われるようなこだわりもあるかもしれません。例えばうちの長男は、今クモに夢中です。何の役にも立たなそう……な興味ですが、そんなことはありません。図鑑を見れば字を覚えることができますし、クモと昆虫の違いを話すこともできます。ぐずったときには手にクモを描いてあげると、ご機嫌に（笑）。

ひとつの「クモ」というキーワードから、図鑑や絵本、その他の昆虫に興味を広げていくことができるのです。これが**「みちびく」**という部分です。

知人の5歳になる息子さんは、誕生日のプレゼントに何が欲しいか聞いたところ「ドミノが欲しい」といったそうです。親としては戦隊モノの変身グッズとか電車や車のおもちゃを欲しがるものだと思いこんでいたので、「ドミノ」という答えに拍子抜けしたそうです。

なぜ彼が「ドミノが欲しい」と答えたか、ちゃんと理由がありました。

それはＮＨＫ Ｅテレの『ピタゴラスイッチ』のピタゴラ装置にドミノが出てくるので、毎週ドミノが気になってしかたがなかったようなのです。ドミノの仕組みを知り、集中力アップにもつながることになりました。

また、保育園で5歳児の子どもたちと散歩をしていたときのこと。ひとりの男の子が民家の軒先にアロエがあることを発見しました。ギザギザした形が子どもの興味にヒットしたのか、他の家にあったアロエを見つけて「あった」と嬉しそうに教えてくれるようになりました。

すると周りのお友だちも「アロエはどこだ」と探すようになり、クラスで一大ブームになりました。そのうち「ここにあったから今日は4個あった」と数を数えるようになり、しばらく散歩は「アロエ探し」となりました。

大人からすると何の変哲もない植物のように見えるのですが、子どもにしたらあの形が面白かったのでしょう。そこから数を数え、そして最終的には散歩コースを覚え「次の角にあるぞ♪」とルンルンで散歩するキラキラした目は今でも忘れられません。

ある日、3歳の長男と夕方散歩をしていたときのこと。「今日のお月さま、まんまる」と教えてくれました。そしてしばらくたったある日、「今日お月さま、まんまるじゃない」といってきました。

私はすぐに月の満ち欠けが載っているカレンダーを買い、息子に月はいつも丸いものではないと伝え、そのカレンダーを見せました。

すると「今日はどこ？」とカレンダーを意識して、月の観察をするようになりました。まだ曜日や日にちは曖昧ではありますが、「今日は何曜日？」「今日は何日？」と聞いてくることも多くなりました

男の子がこだわるものには、「なぜ、それ？」というものも多いかもしれませんが、そこであきらめず、ぜひ**そのこだわりを認め、新たな広がりを見せるために導いてもらえたらと思います。**

男の子はなぜ、『うんこドリル』が好きなのか？

「そうはいっても、認められないものもあるのでは？」という声も聞こえてきそうです。

例えば、汚い言葉。**男の子はくだらないものが大好きです。うんこ、おならという言葉は、男の子をそれだけで興奮させます。**大声でそんな言葉を叫ばれたら、ママは「やめなさい!!」と注意をしてしまいます。

なぜ男の子はこんなにも、うんこやおならが好きなのでしょう？

その理由は子どもそれぞれにあります。ママの反応を試している子、「うん」という語感が気に入っている子、場の雰囲気が微妙になるのを楽しむ子、とにかくくだらないことをいいたい子、形が好きな子、などなど。

ママにできることは、**その子がどんな部分に興味を惹かれているのかを、観察すること**です。ママの反応を試しているのであれば、注意をするのではなく、放っておけばいいのです。その子の持っている理由がわかれば、対処の仕方もわかります。ここでも観察が効いてくるのです。

ある兄弟の家では、お兄ちゃんは大声で自作の「うんこソング」を歌い続けていました。弟はそんな歌には全く興味がない様子。「弟だけでも、汚い歌を歌わなくて良かった」とママは思っていたそうです。ところがある日のこと。弟が熱心に何やらつくっているのでのぞいてみると、そこにはたくさんのうんこのオブジェが……。弟の興味は、歌ではなくその形にあったようです。

小さい頃からうんこを描き続けた（そして今でも描いている）というアートディレクターでイラストレーターの寄藤文平さんは、著書『ウンココロ』の中で、「絵を描く楽しみを教えてくれたのもウンコでした」と述べています。

避けてしまいがちなこのようなテーマひとつとっても、**「ダメ」と禁止するのではな**

く、その子を観察し、興味を持っている部分を受け入れて伸ばそうとすれば、それはプラスに働くのです。

『うんこドリル』をはじめ、科学的な視点が得られる五味太郎さんの『みんなうんち』など、学習に繋がる書籍もたくさんあります。ママの工夫次第では、うんこも立派な教材になるのです。

次の項目からは男の子の自立を促し、才能をぐんぐん伸ばすために「今すぐ」できることを7つにまとめました。ぜひ今日から実践してみてください。

お兄ちゃんも弟も、男の子は「うんこ」が大好き！

手伝うことを我慢する……親の手助けは「半分」に

手伝いたくても、ぐっと我慢する！

★ママは男の子に手をかけすぎている。

★大切なのは「待つ」こと。

★待っている間に、子どもは創意工夫をしている。

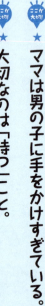

手助けは半分まで

ペットボトルは半分開けて
ママ開けて
ハイ
クイッ
あとは自分で
クルクル
パカッ
くつ下は つま先にかぶせて
ママくつ下…
はい足出して
あとは自分で…
ヨイショヨイショ
質問されたらヒントだけ…
ねえママー
ん？な〜に
ムムム…な事も…
なんでネコは「ニャー」って鳴くの？
あ…え…それは〜〜
!?

半分にしなければいけないものとは

保育園の園長時代から、男の子ママに「半分にしてください」と伝えていることがあります。それは何だと思われますか？　それは「手助けの数」です。

同じママでも、男の子と女の子では、手のかけ方が違うのをよく目にします。**女の子には自分で着替えさせていたのに、男の子には手取り足取りしながら着替えを手助けしてしまう**のです。

もちろん、異性である男の子が「かわいい」というのもあるでしょう。ママが息子を放っておけないのは、パパが娘を放っておけないのと同じですから、仕方ありません。とはいえ、やはり手助けのしすぎは禁物です。

それはなぜでしょうか？

トシキ君は保育園では、チャキチャキと物事をこなすのですが、ママの前ではまったく違う子のようでした。コートを着せてもらう、園のバッグを背負わせてもらう、靴を履かせてもらう……といったように、何でもママまかせ。

ママと話をすると「うちの子は、まだまだ何もできなくて」といいます。私が「園ではできていますよ」とお伝えすると、とても驚いた様子でした。ママはずっと、できないと思い込んでいたのです。

トシキ君のように、基本的に「できている」場合はまだいいのですが、「できていない」子の場合は問題です。なぜなら、洋服を着たり、靴を履いたりする練習の機会を、ことごとく奪われてしまうことになるからです。これでは本当にいつまでたっても、自分でできるようにはなりません。

手助けを半分にするというのは、全体的な量を減らすことでもいいですし、例えば「ペットボトルを開けて」といわれたら、緩めるところまでして子どもに戻す、「靴下がはけない」といわれたら、つま先までかぶせるなどでもいいでしょう。質問をされたときには、答えをいうのではなく、ヒントだけにするということも。

つまりは、**自分でできる余地、考える余地を残しておく**ということです。

「待つこと」が手をかけることより大切

第1章でお話ししたように、敏感期の子どもには、親にはわからない「決まった順序」や「いつもの習慣」がありますから、靴ひとつ履くにしても時間がかかります。必ず右足からと決めている子もいれば、「立って履く」「手を使わずに履く」など、履き方にこだわっていることもあります。

こういった**子どもの中にある敏感期ならではのこだわりは、子どもが成長する種です。**私たちはいつのまにか靴をさっと履けるようになったので、すっかり忘れてしまっているのですが、子どもの頃には色々と創意工夫を重ねていたのです。

子どもの行動を待たずに、パッと靴を履かせてしまうことは、その創意工夫の時間を奪うことになってしまいます。場合によっては、秩序を破られたことで、怒ったり泣いたりすることもあるでしょう。

これまでたくさんのママやパパを身近で見ていますから、皆さんが本当にお忙しいのはとてもよくわかります。その1分、2分が惜しい、ということもあるでしょう。出勤時間が決まっているなど、時間の余裕がないことなどしょっちゅうのはずです。

そうわかったうえでも、やはり、できるだけ子どもの行動を待ち、自分でさせたほうがいいのです。ここで待つことができれば、後がずっと楽になります。

お子さんの靴をいつまでも履かせているよりも、できるだけ早い段階で、自分でさっと靴を履けるようになってくれたほうがいいですよね。

待つことは、親にとっては手をかける以上に忍耐のいることです。それでも、私たちは待ったほうがいいのです。**そのような時間の余裕の中で、お子さんは自分の中の順序や習慣を確立することができます。**そして、自分で身の回りのことができる能力と創意工夫する能力を、同時に身につけていくのです。

自立と才能のために「こだわり」を大切に

▼手助けは「半分」に。

▼子どもの行動をできる限り待つ。

予定を伝える……同じ時間に、同じことをする

スケジュールを子どもに伝えよう!

ここが大切! ★子どもは、毎日同じスケジュールで過ごしたい。

ここが大切! ★小さい子どもは、曜日感覚がない。

ここが大切! ★カレンダーを活用し、予定を見えるように。

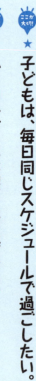

親子で予定を共有

毎日同じ時間に同じことをする
おはよう起きてー
ファ～イ
1
カレンダーでスケジュールを確認
6月
日 月 火 水 木 金 土
今日は金よう日ね、明日はお休みだよ
あっそっか！
2
7:00 起床
7:30 朝食・身仕度
8:50 登園
9:00 14:00 幼稚園
14:30 帰宅
15:30 おやつ
17:00 遊び
18:00 夕食
19:30 入浴
21:00 就寝
ZZZ
強い秩序感を利用すると規則正しい生活が身につきます
3
明日は土よう日だね
一緒に公園へ遊びに行こう
わ～いいくいく！
4
親子で予定を共有できるって
ステキ
ワーイ
5

子どもと予定を共有しよう

大人が思っている以上に、子どもは毎日の生活スケジュールへのこだわりがあります。特に敏感期の子どもには強い秩序感がありますから、**同じ時間に同じことをしたい、という気持ちがとても強い**のです。

大人の言葉で表せばそれは「規則正しい生活」となります。規則正しい生活が大事であるという話は、皆さん色々な場所で耳にすると思いますが、モンテッソーリ教育においては、健康のためだけでなく、敏感期にある子どもの秩序感を育むためでもあるのです。

例えば小さい子にはまだ、曜日の感覚はありません。そのため平日に保育園や幼稚園に通っている子が、土曜日になっていきなり「パパとお出かけに行こう！」などといわれると戸惑ってしまいます。

「イヤ！　行かない！」という子もいるかもしれません。**これは決してパパとのお出かけがイヤなのではなく、いつもと違うことをすることが、自分の中の習慣に反する**

からです。

「習い事に行きたがらない」「直前で嫌がる」というのも同じです。親は「毎週水曜日の4時はプールの時間」とわかっていますが、子どもにはそのスケジュール感覚はありません。ですから「なぜ急にプールに行かなければならないの？」と思ってしまうのです。

このような（親にとっては）**突然の「イヤ！」を防ぐためには、普段からスケジュールについて、話をしておくことです。**

「明日は土曜日だから、幼稚園はお休みだよ。パパがいるから、一緒に公園に行こうね」と伝えておきます。最初のうちはわからなくても、だんだんと「土曜日という日は、いつもと違うようだ」ということがわかってきます。

習い事についても、前の日の夜や、その日の朝に、「明日は（今日は）水曜日だから、4時からプールだよ」と伝えておきます。カレンダーに丸をつけながら話をしたり、習い事のある曜日にシールを貼ったりしてもいいですね。

このような話をいつもしていると、これらの予定が子どもの習慣の中に組み込まれていきます。習慣になってしまえば、子どもはそれを繰り返すことを心地よく感じますから、（習い事が嫌いでない限り）嫌がることはなくなるでしょう。カレンダーの活用はおすすめです。

予定の共有に関してはこんな事件もありました。

お母さんとお出かけしようとした5歳のケンちゃん。嬉しくてお母さんより先を歩いていたら、急に走り出してどこかへ行ってしまい迷子になりました。保育園のそばでの出来事だったので、お母さんは慌てて保育園に駆け込み「うちの子来ていませんか？」と。

担任の先生がお母さんと話をして、「駅に行ってみましょう！」と提案をしました。それはお母さんがケンちゃんに「今日は電車に乗ってお出かけするよ」と伝えていた、というからです。

案の定ケンちゃんは駅でお母さんを待っていました。そしてひと言、「お母さん遅いよ～」。ケンちゃんにしてみれば、電車に乗るといわれたから先に駅に行っただけのことだったのです。予定の共有が思わぬ事態を引き起こすこともありますので、ちょっとだけ注意も必要です。

生活のリズムを守ると、「イヤ！」もなくなる

子どもは、一日の食事の時間やお風呂の時間、寝る時間も、決まっていたほうが気持ちよく行動することができます。例えば晩ご飯は7時、お風呂は8時、寝るのは9時といった具合です。毎回、

「7時だから、ごはんだよ」

などと声をかけていると、そのうち、お腹の空いた子どものほうから「7時まだ？」などと聞いてくるようになります。

昔からいわれていた「3時のおやつ」は、だらだらとおやつを食べないという意味においても、効果があったのです。

例えばおとといの夕飯は6時、昨日は7時、今日は9時のように、バラバラなスケ

ジュールで生活していると、子どもは毎日の生活の習慣を確立できずに混乱します。そうなるとママの「お風呂に入って」「もう寝なさい」という声かけも、子どもにとってはいつも「突然の命令」に感じてしまうのです。

お風呂を嫌がる子、寝るのを嫌がる子には、このような背景があるのかもしれません。

毎日の決まり事に対して「イヤ」という子には、まずこのルーティーン化を試してみることをおすすめします。「イヤイヤ期」にある子であればなおさらです。子どもの中に、まずはしっかりとしたスケジュールをつくってあげてください。

寝ない子は、早く起こす

ママの困り事の中に、「なかなか夜寝てくれない」というものがあります。これも生活のルーティーン化で防ぐことができます。

夜寝ない子の場合、起きるのが遅い子とお昼寝が長い子に分かれます。今まで「なかなか寝てくれないから」と12時に寝させて、9時に起こしていたのを、最初はちょっとかわいそうですが、2時間早めて7時に起こしてみます。きっとこの日は12時まで起きていることが難しくなるでしょう。

この7時起床を1週間ほど続ければ、かなりしっかりしたリズムができてくるものです。

また、お昼寝が長すぎる子もいます。夜寝ないのであれば、お昼寝の時間を短くしてみましょう。

お昼寝をしてくれている時間というのは、ママにとってほっとひと息つける時間というのは本当によくわかるのですが、ここはちょっとがんばって、**いつもより早めに起こして夜に備えてください。**

すべてを「いつもと同じに」

敏感期にある子には特に、すべてをいつもと同じにしてあげると、物事がスムーズに進みます。私は食事やお風呂、寝る時間だけでなく、お風呂での手順も全く同じにしています。

まず私が髪と体を洗い、その間に息子たちは湯船に入って待っています。その後、ゆっくり湯船につかります。

子どもたちはシャンプーが嫌いなのですが、「ママと湯船に入った後はシャンプー」とわかっているので、スムーズに進みます（笑）。**嫌なことであっても、ルーティーンになっていれば我慢できる**のです。

お風呂から出たら、果物を少し食べて、歯を磨いて、絵本を読んだら布団に入る。この手順は毎日同じです。このすべての手順が、ある意味「入眠儀式」になっているようです。

「これとこれとこれをしたら、寝る」とわかっていれば、寝ることを嫌がることはありません。自分からお布団に入って寝る準備をするものです。

男の子は女の子に比べて、こういった秩序感、つまりこだわりがとても強いのです。考えてみれば、定食屋さんで「いつもの」と頼むのは、たいてい男性ですよね。

男性の多くは「同じことを繰り返す」ことを心地よく感じるようです。そしてそれ

は、子どもの頃から同じです。

ですから、帰ってから寝るまで、することを決め、それを毎日スケジュール通りに進行すれば、今よりずっと楽に夜の時間が過ごせるはずです。

生活の習慣を持てた子が、勉強の習慣も持てる

このような型にはまった生活の中で、子どもは「習慣」を体得していきます。

お風呂の習慣、歯磨きの習慣は、身につけば「必ずするもの」として、子どもの中で認知され、生活の一部となります。そしてこれは、後の勉強や習い事の練習の習慣にもつながっていきます。

例えば「宿題はご飯の前の6時から」と決めてしまえば、その子の毎日の生活習慣の中に宿題の時間が組み込まれるようになります。ピアノの練習だって同じです。レッスン前に慌てて練習をさせなくても、「何曜日の何時から練習」と決めておけばいいのです。

もちろん子どもの機嫌や体調もありますから、すべてがうまくいくわけではありませんが、**習慣を持っている子と持っていない子の差は、非常に大きいことは確かです。そしてさらに能力を伸ばしていく子は、自ら、勉強や練習を習慣化していきます。**

ある小学校3年生の野球少年は、誰にいわれることもなく毎朝6時から素振りをしています。本人曰く「しないと気持ちが悪い」とのこと。今や地元の各チームから誘いの声が絶えないこの男の子の一番の武器は、練習を自ら習慣化できていることにあるのかもしれません。

自立と才能のために「こだわり」を大切に

▼スケジュールを子どもに伝える。

▼起きてから寝るまで、同じことを同じ手順で繰り返す。

男には男の“こだわり”がある

お手伝いをさせる……お手伝いは、「やりたい」といったときに

お手伝いをたくさんさせよう！

ここが大切！
★「お手伝いしたい」といったときが、才能を伸ばすチャンス！

ここが大切！
★できそうにないときは、他のお手伝いに「置き換える」。

ここが大切！
★結果は気にしない。文句は絶対にいわない。

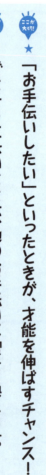

お手伝いはたくさんさせよう

家族の一員として活躍してもらう

第1章でお話ししたように、「お手伝いをしたい」というのは、社会的行動を身につけるための敏感期のひとつです。ですから、**私たち親は、子どもの「お手伝いをしたい」という気持ちを大切に育てていかなければなりません。**

私たち親は皆、子どもの将来に期待をしています。しっかりと自立してほしい。社会に出て活躍してほしい。そう願っているものです。

そうであるならば、社会に出る前の家庭において、しっかりと家族の役に立ち、家族の一員として活躍をしていなければなりません。それが、社会に出るための訓練にもなるからです。**小さい頃からのお手伝いが大切なのは、それが社会に出て働くための下地となるからです。**

お手伝いがお手伝いにならないのは、当たり前

もちろん、最初のうちはお手伝いをしてもらうと、こちらの仕事が余計に増えてし

まいます（笑）。「料理のお手伝い」をさせたら、材料を床にこぼす。「掃除のお手伝い」をさせたら、ゴミをよけいに撒き散らす。「洗濯のお手伝い」をさせたら、せっかく畳んだ洗濯物をぐちゃぐちゃにしてしまう……。そうなってしまうことがわかっているから、お手伝いをさせないというご家庭も多いのです。

しかし、「お手伝いをしたい」という気持ちを育む敏感期を過ぎてからでは、いくら**できる年齢になったとしても、その気持ち自体を失ってしまいます。**

小さい頃の「お手伝いをしたい」という気持ちに対して「ダメ」といい続けていると、子どもは「お手伝いはしなくていいことなのだ」と学んでしまうのです。

ですから、お子さんが大きくなって、親御さんが「さあ、そろそろお手伝いもいろいろできる頃。あれやって、これやって」といっても、「何で？」「ヤダ」「やりたくない」などといわれてしまうのです。それは、「お手伝いをしたい」と強烈に思った頃に、否定され続けたからに他なりません。

一番大切なのは、ちゃんとできるかという結果より、子どもの「お手伝いをしたい」という気持ちを汲んであげることです。そうすれば、お子さんは「お手伝いをすると楽しい」「お手伝いはするものだ」ということを体験として学べます。

「置き換えの法則」でお願いする

そうはいっても、お手伝いをしてもらったばかりに、毎回ママの仕事が増えるのは、大変です。そこで**我が家では「置き換えの法則」を使っています。**

先日も私が夕飯の支度をしている最中、次男が「床をふく」といい出しました。雑巾は手元にないし、コンロから目が離せません。そこで、「床は汚いから、テーブルをふいてね」といって、近くにあった布巾を渡しました。息子はそれで満足し、テーブルをきれいにふいてくれました。

「洗濯物を干したい」という長男には、カゴから干すものを取ってもらいます。そうすると「お父さんのパンツ、お母さんの……」などといいながら、楽しそうに手渡してくれます。私も腰を曲げないですむだけ、ちょっとだけ楽ができます。

こんなふうに、「掃除機をかけたい」といったら、最後のほうだけお願いしたり、「洗濯物をたたむ」といったら、タオルだけお願いしたり工夫をしています。**子どもの「お手伝いができた」という達成感を大切にするために、できることに置き換えてお願いしている**のです。

お話ししてきたように、小さい頃のお手伝いの目的は「手伝う気持ちを育むこと」です。ですから間違っても、**結果に文句をいってはいけません。**せっかくタオルをたたんでくれたのに、「こんなぐちゃぐちゃじゃダメよ」などといって、目の前でたたみ直したりしたら、子どもはやる気を失ってしまいます。たたみ直すなら、お子さんが寝た後で。できれば「タオルくらいぐちゃぐちゃでもいいか」といったおおらかな気持ちを持てるといいですね。

そして**どんな結果になっても、必ず「ありがとう」と伝えてください。子どもはこの言葉が聞きたくて、がんばっている**からです。

料理に興味のあるハルト君は、4歳の頃から卵料理のお手伝いをしていました。最初の頃は、卵を落として割ることも多く、お母さんは「もったいない」と思っていたそうです。しかし、だんだんと落とす回数も減っていきました。1年後には落とさないようにはなったものの、割った殻が混ざっていることも多く、それを取り除くのが面倒だったといいます。

しかし、6歳になる頃には、ひとりでスクランブルエッグがつくれるようになりました。お母さんが忙しい朝は、パパッと卵を割り、くるくるとかき混ぜ、塩胡椒をして、小さなフライパンで焼いているそうです。

このように最初はうまくできなくて、母親の手をわずらわせることが多かったお手伝いも、続けることでいつしかきちんとできるようになるものです。そして、このうに本当に助けとなる「お手伝い」になる日がくるのです。

2年の辛抱はもちろん簡単ではありません。しかし、この先ずっと息子さんが料理を手伝ってくれるとしたら？　それは十分に意味のある2年間ではないでしょうか。

お手伝いは自立への第一歩

お手伝いを通じて身につけた家事のスキルは、将来の自立への大きな一歩となります。先のハルト君のお母さんは「何より良かったと思えるのが、将来ひとり暮らしをしても、安心だということです。ちゃんと自分で料理をして食べてくれるのがわかるからです」と話してくれました。

自立するということは、単に社会に出て働くことだけではありません。自分の生活を自分ひとりでやることも含まれています。

「せっかく現役で第一志望の大学に合格したのに、ひとり暮らしを始めたら朝起きることができずに、留年した」などという、嘘みたいな話も耳にします。朝起こすことから始まって、身の回りのことすべての面倒を見続けていたら、そういうことが起こってもおかしくはありません。

男の子には特にお手伝いをさせなくてもいいか、と思っているご家庭もあるかもしれませんが、**お手伝いは社会的行動を身につける第一歩。男女に関係なく必要なものなのです。**

自立と才能のために「こだわり」を大切に

▼置き換えの法則で、小さい頃からお手伝いをさせる。
▼思い通りにできていなくても、「ありがとう」。

男の子に今すぐ④

体験をさせる……近所の買い物で「体験的な学び」を

子どもと一緒に、魚屋さんやスーパーへ！

★水族館の代わりに魚屋さんへ。

★「食べない子」は、一緒に買うことから。

★「触れる」は体験的な学び。

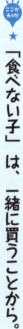

買い物で体験的学びを

日々の買い物は
とうもろこし取ってくれる？
うわ〜〜っもしゃもしゃだー
有効な体験学習
ピーマンつるつるー
もっと入れて
詰め放題
水族館より
こっちはタイだよ
わー、青いのとピンクのだー
これはイワシ
魚屋さんが◎二重マル
ほーら今日の目玉はイカだよー
ママ、すごいねイカってカイジューみたい
買って買って
このイカもとーもろこしもピーマンもぼくが買ったんだよ
わーおいしそうだねー
イカのさしみ
ピーマンのおひたし
イカリング
日常生活で
ごちそーさまでした
知育、食育できちゃいます

食べないのは、お腹が空いていないから

「うちの子はご飯を食べなくて……」。生活習慣における困り事の相談で「寝ない」と同じくらい多いのがこの「食べない」です。

せっかく一生懸命つくったのに、毎日残されていてはがっかり。お子さんの成長への影響も気がかりです。お子さんが元気に活動するためには、しっかりした食生活は欠かせません。

まずは、先にお話しした生活のリズムが守られているかどうかを、振り返ってみましょう。お菓子を時間を決めずに食べていたり、夜遅く帰って来たパパのご飯をつまんでいたりしていないでしょうか。

そんなふうに朝・昼・晩のご飯と「3時のおやつ」以外の時間帯で、お菓子やご飯を食べているようでしたら、まずはその見直しが必要です。お菓子の時間を、例えば10時と3時、もしくは3時のみと限定するだけで、ご飯をたくさん食べるようになったお子さんをこれまでたくさん見てきました。

こういったお子さんは、食が細くて本当に食べられないのではなく、実際には**常にお菓子などを口にしているから、お腹が空かないだけなのです。**ですから、食事とおやつのリズムをつくることができれば大丈夫です。

食べることに興味がないなら、買うことからスタート

生活習慣はきちんとしているのに、やはり食べない。食に興味がないという子には、**買い物がおすすめです。特に「所有の敏感期」にある子であれば、自分で買ったものには強い愛着を感じます。**

最近は「忙しいから」と、ネットスーパーや宅配で済ませてしまう方も多いのですが、買う体験には学びがあります。スーパーで小さいカゴを持たせて、食べたい果物や野菜などを自分で選ばせ、カゴに入れます。そうすることで、「自分で選んだとうもろこし」というように、自分のものだという意識が生まれます。

そしてさらにおすすめなのが、八百屋さんや魚屋さんなどのお店です。

私が住んでいる駅の地下街には、そういった個人商店がいくつかあり、私はよく子

どもを連れて買い物に行きます。そこで「りんご選んでね」といって、選んでもらいます。そしておじさんに代金を渡してもらいます。**お金を払うことは、子どもには楽しいことですし、「自分で買ったりんごだ」というように、所有の意識を刺激します。**

このように「自分のもの」として買った食材は、調理する前に、子どもに触らせたり、匂いを嗅がせたりします。とうもろこしであれば、皮むきを手伝ってもらいますし、りんごなど果物であれば、切ったり剥いたりする前に匂いを嗅がせます。

このように子どもの所有欲を刺激し、**五感を使って食材に触れる**と、大抵の場合喜んで食べてくれるものです。

私が勤めていたモンテッソーリ園では、0歳のクラスから**「食育」**の授業がありました。素材に自分の手で触れて、手触りを感じたり、匂いを嗅いだりします。

そして、春はそら豆のさやむき、夏はとうもろこしの皮むき、秋はお芋を洗ったり潰したり、冬は白菜をバラすなど、**調理前の下準備を一緒にして、**その後給食の先生が調理してくれた**その食材を使用したランチを食べるまでが食育の内容です。**

これは同時に、モンテッソーリ教育が大切にしている**「指先の訓練」**でもあります。

ぶどうの皮を剥くなどというのは、ぴったり。そしてその「訓練」の後には美味しいぶどうが食べられるのですから、こんなにいいことはありません。

わが家では次男がニガ手なトマトをプランターで栽培しています。自分で育てた野菜なら、口に入れてくれるものです（口絵6ページ）。

水族館に行くよりも、簡単！

小学校低学年くらいまでの子は、「触れる」ということをとても大切にしています。モンテッソーリの教具の中にも、**触覚の発達を促す「触覚板」**というものがあります。これは手で触れて、ツルツルやザラザラを感じるためのものです。

買って来た魚であれば、家で遠慮なく触ることができます。スーパーでは切り身がメインですが、魚屋さんではそのままの形で魚が売っています。

最近では、魚屋のおじさんが「これがアジで、こっちがイワシ」など、魚の種類を教えてくれるようになりました。先日は、「イカを見る？」といって、裏から大きなイカを出して見せてくれました。これには子どもたちも「おおっ！」と思ったようで、帰り道はイカの話ばかりしていました。

「そんな面倒なことできないよ……」と思われた方も、ひょっとするといるかもしれません。でもそんなママやパパであっても、きっと週末は子どものために動物園に連れて行ったり、水族館まで足を運んだりしているはずです。

子どもの「体験的な学び」という観点からいえば、動物園や水族館ももちろん素晴らしいのですが、**魚屋さんであれば、見て、買って、触って、そして食べられるのです！　これは体験的な学びであり、食育でもあります。**

実際に小さい子どもを大きな動物園に連れて行っても、あまりピンとこないようです。年長さんの遠足で大きな動物園に行ったときのことです。「どの動物が一番良かった？」と感想を聞くと、「モルモット！」がダントツ。ライオンよりも、象よりも、「触れ合いコーナー」のモルモットを膝に乗せたことのほうが、インパクトがあったようです。ですから我が家でも、行くのはもっぱら井の頭自然文化園（動物園）。大型肉食獣はいませんが、モルモット触れ合いコーナーがあり、子どもはいつも大満足です。

最近は水族館にも触れ合いコーナーができているのは、そういったニーズを受けてのことなのかもしれません。

動物園や水族館に行かなくても、体験的な学習は近所のお店やスーパーでできます。**お店のおじさんやおばさんに質問をすれば、魚のこと、果物のこと、野菜のことなどたくさん教えてくれます。**最近では中学入試に「ピーマンの断面図」などが出たりするそうですが、詰め込み学習で覚えるなんてつまらないですよね。

毎日の生活の中で、当たり前に生き物、食べ物の知識を得ることができれば、これに勝る勉強法はありません。

自立と才能のために「こだわり」を大切に

▼自分で買った食物に触れると、食欲がわく。

▼八百屋さんや魚屋さんでの買い物は、立派な体験学習。

好きなことをさせる……興味を持つことを、とことんさせる

子どもや作品の変化を観察！

ここが大切！
★子どもは自ら伸びる力を持っている。

ここが大切！
★子どもにすることを選ばせる。

ここが大切！
★同じことをやり続けると、創意工夫が生まれる。

子どもは自ら伸びる

いつも折り紙ばかりしているそら君
……
最初は
センセーチューリップ折れたよ
あげるー
これくらい…
段々と上達……
できた!
そして…
うわぁ〜
このキョーリュー動くんだよ
ついに…
う〜ん ここをこうして…
あれっ? ただの四角?
科学者の領域に!
この折り方で持ち運びができる太陽光パネルがつくれないかな?
ヒョエーーーッ
角をつまむとパッと拡がる折り方

子どもは「何をすべきか」を知っている

モンテッソーリ園の「お仕事」には、主に指先を使うものがたくさんあります。それは、「指先の運動」にこだわる敏感期の子どもたちが、3本指を使ったお仕事をしたがるということがわかっているからです。

この頃の子どもたちは、「自分が今伸ばしたい能力」を知っています。ですから1歳半〜2歳くらいの頃には、こぞって3本指を使う「お仕事」をするようになります。

62ページでお話ししたように、私たちは「親指・人差し指・中指」の3本の指を使って、細かい作業を行います。1歳半〜2歳くらいの子どもたちが、この「お仕事」の時間に、3本指を使うものを選ぶのは、3本指を使えるようになりたい、という内側からの強い衝動があるからだと感じます。

子どもは「自分が今伸ばすべき能力は何か」がわかっているのです。

同じことをやり続けられる環境を

私たち親は、子どもが何かできるようになると、「では次のステップに」と思ってしまいます。大きいサイズのブロックがつくれるようになったら、中くらいのサイズに。それがうまく扱えたら、小さいサイズに。子どもの能力を伸ばすために、次々とハードルを上げてしまうのです。

しかし、**敏感期にある子どもにとって大切なのは、自分が納得するまで同じことを「やり続けること」です。**そうすると試行錯誤を繰り返しながら、新しい工夫をしたり、アイデアを出したりすることができます。これが子どもの能力を飛躍的に伸ばすことにつながります。

ハードルが上がり続けると、それを超えることのみに能力を使ってしまい、創意工夫をする余裕を持つことができません。

また、子どもも難しいものに挑戦し続けていると、少し前にできたものをやりたがる場合があります。親にしたら「もうできているからいいじゃない。そんな簡単なのをやって」と思うかもしれませんが、子どもだって時々簡単なもので休憩を入れたいときだってあるんです。そんなときはそっと見守ってあげてください。

4歳のジュンペイ君は、半年ほどの間、ひたすらストローの腕輪をつくり続けました（口絵1ページ）。

最初は、1〜2箇所にしか飾りの紙を挟むことができなかったのですが（①）、やり続けるうちにだんだんストローの間に挟む紙を増やすことができるようになりました（②）。グラデーションを意識したような作品（③）や、クリスマス付近につくったとわかる作品（④）もあります。

同じ作業をひたすら続けることで、指の使い方がうまくなるだけでなく、**配色やデザインなどの工夫や、「クリスマスだからこんなものをつくりたい」といったイベントとの関わりまで自ら学んでいきました。**

もし大人が、「ヒモにストローが上手に通せるようになったから、次はこれ」と新しい作業を指示していたら、②から④に至る作品は生まれなかったことになります。それは同時に、ジュンペイ君の創意工夫の機会を奪うことにつながったでしょう。

モンテッソーリ教育を受けていた棋士の藤井聡太七段も、「ハートバック」と呼ばれる編み込み式のハート型の紙の飾りをつくり続けました。同じ作業を延々と繰り返す中で自分自身で能力を開花する力を、どんな子どもでも持っているのです。

しかし、その環境を準備できるかどうかは、周りの大人次第。**子どもが好きなこと、夢中になっていることを、とことんさせてあげる。焦らずに見守る。**そうすれば、子どもは自分自身の力で、能力を伸ばしていくことができるのです。

自立と才能のために「こだわり」を大切に

▼好きなことをとことんさせる。

▼親が勝手にハードルを上げない。

経験から学ぶ……好きなだけ失敗させよう

失敗するとわかっていても、声をかけない！

ここが大切！
★男の子は経験から学ぶ子が多い。

ここが大切！
★小さい頃の失敗が後に生きる。

ここが大切！
★失敗を見守る余裕を持つ。

男の子は失敗から学ぶ

このボタンは押さないでね！
警報機
男の子に「○○するな」は
ジリリリリリッ
ポチッ
「○○しろ」になる
ジリリリリリリリッ
どうしましたか？
すいません すいません
それにきく薬は
大きな
失敗だけ
ただ強い好奇心を
熱いから触らないでね
アッチー
ママー
ガシャ
おさえる薬はないみたい

小さい頃の失敗が後に生きる

男の子は、失敗をしながら学んでいく子が多いようです。

例えばクラスの中でも、「ここは熱いから触っちゃだめだよ」というと、女の子はそれでわかって触らないのですが、男の子はとりあえず触ってみようとする（笑）。

きっと「本当に熱いかどうか」を確かめようとしているのだと思います。一部の男の子は、体感しないと納得できないということがあるのかもしれません。

我が家の長男も、どちらかというとそのタイプ。だから失敗も多いのです。

3歳の現在、「ボタンを押す」ということにはまっています。エレベーターのボタンを始め、あらゆるボタンを押したがる。ですから、ガス台などはいつも元栓を切っています。「勝手に押してはダメだよ」とことあるごとに伝えているのですが、ボタンを見るとそんなことはすっかり忘れてしまうようです。

先日はマンションの警報機を押してしまいました。警備会社からすぐに電話が入ったので、2人で管理人さんに謝りに行くことに……。きっと「カバーがついているボタンなんてすごい！　楽しそう!!」と思ったに違いないのですが、いきなり警報音が鳴ったので、本人もびっくりして固まっていました。

しかしこの「事件」以降、息子が勝手にボタンを押すことはなくなりました。私にひどく叱られたことと、警報音が鳴り響いたことにびっくりしたこともあるでしょう。このような失敗を経験することでやっと、「ボタンを勝手に押してはいけない」ということが、身にしみてわかったようです。

女の子のように「ボタンを押しちゃダメだよ」というだけでわかってもらえるほうが、もちろんいいのですが、男の子はそうもいかない場合が多いのです。これは仕方がありません。

親ができることは、親がカバーできるうちに、たくさん失敗をさせておくことです。今回のことはもちろん、わざとさせたわけではありませんが、周りに迷惑をかけてしまうことになりました。

しかし、ひとつ学ぶことができました。さらに大きな失敗を犯す芽を摘むことができたのではないかと思います（電車の緊急停止ボタンを押してしまうとか……）。

失敗を回避しない

子どもに失敗をさせないように、先回りをしてしまうと、重要な学びの機会を奪うことになってしまいます。特に**経験から学ぶタイプの男の子にとって、失敗は必須の学びです。**

例えば着替えている息子さんが、シャツの前と後ろを反対に着ようとしています。もちろんママはそれに気がつきますから、「ほら、反対だよ」といって手を出してしまいます。このようにしていると、子どもはずっとシャツの前と後ろの見分け方を知ることができません。

間違って着て初めて、「なぜトレーナーの下からシャツが見えてしまうのだろう？」と考えたり、お姉ちゃんから「シャツ出てるよ！」と指摘されたりして、「何かがおかしいらしい」と考えられるのです。

これは勉強も同じです。ひらがなを書いている途中に、「ほら、ここ違うよ」と声をかける。計算の途中で間違っているからと解き直しをさせる。これでは、本人は最終的にどこが悪かったのか、わからなくなってしまいます。

特に**男の子は、作業の途中に声をかけられることを嫌います。集中が途切れてしまうからです。**お子さんが勉強中にイライラしてしまうことがあるとしたら、このような介入が原因かもしれません。

失敗から学べることはたくさんあります。むしろ小さいうちにたくさん失敗したほうが、その経験が後に生きてくるのです。

自立と才能のために「こだわり」を大切に

▼小さい頃にいっぱい経験、そして失敗をさせる。
▼失敗から学べることがたくさんある。

挑戦させる……ときには「大人のやること」にもチャレンジ

針もアイロンも使いたいときに使わせる！

★「危ない」ことこそ、早いうちから。

★子どもの手のサイズに合った本物を使う。

★まずはデモンストレーションを。

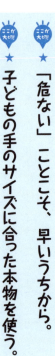

挑戦させるならいつ？

思春期の息子と
やぁ～だ
めんどくさい
ねえ、お料理してみない？
えっ
おりょーりするー
3才の息子…
はぁ？何のために
縫い物教えてあげる
わぁー
チクチクしたーい
バカじゃねえの
バーン
アイロンかけてみる？
シューシューしてトーマスみたーい
腹へったーメシまだー
挑戦させるなら…
ママーたまねぎむいたー

「危ない」なら備えればいい

モンテッソーリ園には、**縫い刺しという針を使った「お仕事」**や、**小さいアイロンを使った「お仕事」**があります。縫い刺しは概ね3歳～5歳の子が、アイロンは3歳～4歳くらいの子が好んでする活動です（口絵4ページ）。

「縫い刺し」では、最初にキリで厚紙に穴を開け、その穴に針で糸を通していきます。もちろんキリも針も本物です。早い子では3歳くらいから始めますから、5歳くらいになるとかなり複雑な刺繍もできるようになります。

アイロンはパッチワーク用の小さなものを使います。子どもの手になじむ大きさなので使いやすく、それを使ってハンカチなどのシワを伸ばします。

モンテッソーリの「お仕事」には、自立に向けての「日常生活の練習」という意味合いがあり、このような家事の内容も含まれています。

キリ、針、アイロンなどというと、「危ないからとてもさせられない」と考えてしまう方も多いようです。しかし、そんなことはありません。まずはこれらの道具は使い方を間違えると危険なことを伝え、どのように使うのかを実際にやって見せます。

デモンストレーションをする前には、使う指を子どもに示します。例えば針であれば親指、人差指、中指の3本指です。それから実際の「縫い刺し」をゆ〜っくり行います。**このゆ〜っくりが大切！**　なぜなら子どもにとって大人の普段の動きは「超高速」で、目がついていかないからです。

また、この時に口頭での説明はしません。子どもは目と耳を同時に働かせることが難しいので、**「動きを見せる」ことに集中します。説明をするとしたら、その後で簡単に行います。**

このような手順を踏めば、まず危険なことは起きません。もちろん近くで見守ってはいるのですが、こちらが作業を止めるようなことはまず起きないものです。

なぜ本物を使うのか？

「アイロンの練習なら、おもちゃのアイロンでもいいのでは？」といわれることもあります。しかし、そのほうがかえって危険なのです。

もし「熱くないアイロン」を使っていたら、子どもは「アイロンは熱くて危険だ」ということを学ぶことができません。そうなると、家のアイロンにも平気で手を出すかもしれないのです。園で本物のアイロンを使った子は、決して家のアイロンにむやみに触るようなことはありません。

園で使っている小さなアイロンのように、子どものサイズにあった本物を使えば、「危ない」と思われていることは、そんなに危ないことではありません。例えば子ども用の包丁など、今はいろいろな道具がそろっていますから、お子さんの手のサイズに合ったものを見つけていただければと思います。

ある中学校1年生の息子さんが「いや、マジびっくりしたわ」と学校から帰ってきていいました。ママが話を聞くと「調理実習で全く何もできないヤツがけっこういてさ。おにぎり握ると、のし餅みたいになるんだよ。料理したことないんだって」と。

火は危険、包丁は危険と、キッチンに入らせない親御さんもいるようです。しかし、例えば中学生になっていきなり包丁を握るようになるほうが、よほど危険です。3歳から使っている子と比べれば、その扱い方の差は歴然としています。

「男子厨房に入らず」といわれたのは、遠い昔です。ママたちの多くが「夫にも食事の支度をしてほしい」と思っています。今のお子さんたちが結婚する頃には、その圧力（？）ももっと強くなっていることでしょう。

そうでなくても、ひとり暮らしをしたときに自炊ができるかできないかは、お子さんの健康に大きく関わってきます。毎日コンビニ弁当ではやはり心配ですよね。

「危なくなくなったときにやらせよう」と思っていると、「そのとき」はやってきません。思春期の息子さんに料理を教える、そのほうが3歳の息子さんに教えるよりもきっとハードルが高いはずです。

自立と才能のために「こだわり」を大切に

- **「危ない」ことこそ、早い段階で挑戦させる。**
- **「そのうち」と思っていると、そのときは来ない。**

できたー！

第3章

「かける言葉」を変えれば、男の子はぐんぐん伸びる

男の子に響く言葉とNGな言葉

男の子ママと女の子ママの口癖の中で、使われる回数が大きく違うのが「ダメ」という言葉です。男の子はどうしても、急に飛び出したり、騒ぎ出したり、いなくなったり、ものを投げたり、叩いたり、ということが多いですから、自然とママが「ダメ！」という回数も増えてしまいます。

しかし、あまりにも「ダメ」ということに慣れてしまったために、もしかすると**子どもの能力を伸ばすはずの「こだわり」にまで、ダメ出しをしているかもしれません。**

今週の週末の1日を使って、どんなときに「ダメ」といっているか、何回いっているかをカウントしてみましょう。きっとあまりに多く使っていることに、驚かれるはずです。

男の子は素直ですし、ママが大好きですから、プラスの言葉をかければすくすくと伸びていきます。認められたいという気持ちも強く、それはこの先ずっと続いていきます。

ある小学校1年生のクラスで、授業中にフラフラ歩いている男の子がいました。当時の担任の先生は、その男の子にずっと注意をしていましたが、その子が歩くのをやめることはありませんでした。

2年生になり、担任の先生が若い男の先生に変わりました。その先生は、男の子に鉄棒の見本をさせる、発表の代表にするなど、いいところを見つけて積極的にみんなの前に引っ張り出すようにしました。

しばらくすると男の子は、授業中に歩くことはなくなりました。**マイナスの行動で大人の注意を引かなくても、先生が見ていてくれることがわかったからです。**

子どもをしっかりと見つめ、良いところを見つけてプラスの声かけをする。それだけで、子どもは大きく変わっていくのです。

こんな声かけで男の子はやる気を出す

「かっこいい」

「男の子がやる気になる言葉って何ですか?」

このような質問をよく受けます。本気にならない、やる気がない息子を前に、イライラしてしまうのは、誰でも同じ。この質問に対する答えは、あまりにも単純すぎて何だかお伝えするのも申しわけないくらいです。それは、

「かっこいい」

です。これまで17年もの間、保育の現場に携わり、その後2人の男の子のママになって実感として感じるのですが、**男の子はとても単純です**(そこがいいところでもあ

るのですが)。**「かっこいい」といわれると、俄然やる気を出します。**もしかすると、これはパパたちも同じかもしれませんね。

この「かっこいい」という言葉、トイレトレーニングにも非常に有効です。パンツがはけるようになったら、私は必ずこういいます。

「お兄さんパンツで、かっこいいね」

立ってできるようになったら、

「年長のお兄さんみたいで、かっこいいね」

など。男の子たちは、年上のお兄さんが立ってトイレをしているのを、「すごい!かっこいい!!」と思いながら、憧れの目線で見ています。**女の子は、年上というより、お友だちに影響されることが多いのですが、男の子の目線はいつも上を向いています。**

男の子は「はやくお兄さんたちみたいにできるようになりたい」という思いで日々過ごしているのです。男性は大人になっても縦社会の中で上を目指す方が多いですから、男子に刷り込まれた習性のひとつなのかもしれません。

ですから息子さんをほめてあげたいときには、この「かっこいい」「お兄さんみたい」という言葉が響きます。

保育園や幼稚園の集団保育の利点は、男の子のロールモデルとなる年上の男の子と身近に接することができることです。**男の子は、年上の男の子からの働きかけが効きます**から、入園前からでも年上の子、特に男の子と接する環境を持てるといいですね。

親からいわれるより、年上の男の子に「おまえ、立ってしろよ」といわれれば、一発で立ってトイレができるようになったりします(笑)。

「お兄さん」の影響力は強いのです。

男の子は年上のお兄さんにあこがれる

「すごい」よりも子どもに効くすごい言葉

「良かったね」

私たちはすぐに「すごい」といってしまいます。口癖になっている方も多いかもしれません。「すごい」というこの言葉は、どちらからというと「結果」に重きが置かれています。できたことに対して、できた作品に対してのほめ言葉です。

結果をほめることは悪いことではありませんが、できることなら親はその「過程」や「努力」に目を向けたいものです。

結果に注目していると、成功したときにしかほめることができません。しかし、**過程や努力に注目していれば、私たちはいつだって子どもをほめることができる**のです。

一生懸命がんばったけど、うまくできなかった。そんなときにほめられれば、子どもは「またがんばろう」という気持ちになることができます。それは次の成功につながります。

ですから、私は子どもが何かできたときには、「すごい」ではなく、

「良かったね」

というようにしています。

「良かったね」は、「共感」の言葉です。そしてこの言葉の後ろには、がんばっていたのを知っているよ、見ていたよ」という気持ちが隠れています。知っているからこそ、子どもの気持ちに寄り添った「良かったね」という言葉が出てくるのです。

結果が伴わなかったときには、

「がんばったね」
「がんばってたね」

など、やはり「一生懸命やっていたのを、見ていたよ」という言葉をかけてあげましょう。

「すごい」ばかりいっていると、子どもは「すごいといわれなければならない」と、徐々にプレッシャーを感じるようになります。成功しなければ、ほめられないとなると、子どもは苦しくなってしまいます。**「良かったね」「がんばったね」であれば、そのような無駄なプレッシャーをかけることもなくなります。**

子どもはもちろん大人だって、いつも成功できるわけではありません。むしろ、失敗することのほうが多いでしょう。そんなときにお子さんのがんばった気持ちに共感する言葉をかけることで、またがんばる意欲が湧いてくるのです。私たち親は忘れないようにしたいものです。

「ムダなこと」に学びがある

がんばる意欲を維持するためには、親がムダだと思えることも含めて、子どもの創造性を認めることです。同じ男の子でも同じようには育たないと、兄弟2人を育て、ひしひしと感じています。長男はムダなことをたくさんするタイプ。次男はわりとスマートに物事ができるタイプです。

先日も長男は電車の模型の先頭に、木のおもちゃの人参の先っぽを何とかくくりつけて「新幹線！」といって見せに来ました。掃除機の長いところだけを持って「マイク」といって歌っていたり。ひとつひとつ、やっていることがあまり意味がないように思えることが多いです。

しかし、そんなムダと思えることを、我が家では「クリエイティブなことをしている」というようにしています。

否定的にとれば「そんなことして」で終わってしまうのでしょうが、モンテッソーリ流教育では、子どもの発想力を受け入れることを大切にしています。

限られた材料の中で、子どもなりにひらめいた遊びです。ムダととるか、クリエイティブととるかは、親次第。そしてポジティブにとらえることができれば、子どもはまたそこから創造的な力を伸ばすことができるのです。

子どもが喜ぶ一番のほめ言葉

「ありがとう」

子どもが一番嬉しい言葉。それはきっと「ありがとう」だと思います。**色々とお手伝いをしたがるのも、ママの「ありがとう」が聞きたいから。**ですから、結果がイマイチだったとしても、お子さんには必ず、

「ありがとう」

といってください。このひと言で、「またお手伝いをしよう」という気持ちになります。

小さい子のお手伝いとなると、本当に些細なことです。我が家では毎朝バナナジュースをつくるのですが、ジューサーのボタンを押すのが「お手伝い」となっています

（ただ押したいだけかもしれませんが）。

このようなことでも、「ありがとう」をいう機会になります。**「ありがとう」は自分はお手伝いができた、人の役に立ったんだと自分への自信に繋がり、お手伝い意欲もアップします。**

なるべく「ありがとう」という言葉を使おうと意識をしていたら、子ども同士でも「ありがとう」といい合うようになりました。何かをもらったときに「『ありがとう』は？」と確認するよりも、親が子どもの前でこの言葉をたくさん使っていれば、子どもも自然と口にするようになります。

子どもはママの真似をするのが大好きですから、「ありがとう」に限らず、使って欲しいと思っている言葉があれば、子どもの前でどんどん使うようにしましょう。

「ダメ！」は一番いってはいけない言葉

「ありがとう～してくれる？」「～していいんだっけ？」

私も2人の男の子の母親だからとてもよくわかるのですが、毎日毎日「ダメ！」といいたくなることばかりが起こります。テーブルに登る、スーパーで走り回る、図書館で騒ぐ、いきなり道で走り出す。危ないし、迷惑だし、恥ずかしいし……。気がつくと「ダメ！」と口から出てしまうことが、よくあります。

でもこの言葉、なるべく使わないほうがいいのです。もちろん車道にいきなり飛び出すなどの危険な行動や、お友だちを傷つけるような行動をしたときには、使うこともあるでしょう。

しかし、そうでないときにも、**私たちは頻繁に男の子に「ダメ」といい続けています。そして子どものやる気や好奇心の芽を、無意識のうちに摘んでいる**のです。

それは本当に「ダメ」なことですか？

子どもに向かって「ダメ」ということに抵抗がなくなってしまうと、決してダメではないことにも、あっさり「ダメ出し」をするようになってしまいます。

夕食の準備をしているときに、4歳の息子さんが「ママ、僕、お料理手伝うよ」といってきました。他の兄弟たちもお腹をすかせていますし、のんびり支度をしている時間はママにはありません。そこでつい「忙しいから、ダメ」「危ないから、ダメ」といってしまうのです。

しかし、**ここで息子さんにかける言葉は、「ありがとう」であるべきです。**もし、余裕がなくて一緒に料理をすることができなくても、まず「ママを手伝ってあげたい」と考えてくれたことに感謝をするのが先のはずです。今日一緒にできないのであれば、

「ありがとう。今日は一緒にできないけど、土曜日にお手伝いお願いできる？」

と別の日を提案したり、

「ありがとう。じゃあ、そこのレタスをちぎってくれるかな?」

と、簡単なことを頼んでもいいでしょう。

「本当にダメなこと」にも、「本当はダメではないこと」にも、同じように「ダメ!」といっていると、子どもはやる気をなくします。せっかくの「何かをしたい」という意欲を、親が潰しているのです。

そしてそれだけではありません。ここで一番問題なのは、子どもの優しい気持ちにダメ出しをしていることです。**「優しい子に育ってほしい」と思っているのに、「ママを助けたい」という子どもの気持ちを否定する。私たち親は、その矛盾に少しでも早く気づく**必要があるのです。

「ダメ」という前に、約束をする

先日もスーパーで、怒っているママを見かけました。店内を走り回る5歳くらいの息子さんに「走っちゃダメ!! 何度いってもあんたはわからないんだから!」と、声を荒げていました。

スーパーに行ったら、男の子は走ります。もうお約束のように走ります。そうなるとわかっていても、親にできることはあります。それは、スーパーに入る前に、

「スーパーでは、歩くんだよ。走らないよ」

と約束することです。この「入る前」というのが、とても大事です。入ってしまうと楽しくなってしまい、親の言葉など耳に入りませんから。

我が家でも、3歳と1歳の息子に、スーパーの入口の前で2つの約束をします。「走らないよ」「お菓子を勝手にさわらないよ」、この2つです。

もちろんその時点では、うんうんとうなずき、すぐに「わかった」といってくれます(早くスーパーに入りたいですからね)。

しかし、お店に入ったとたんに走り出します(笑)。そんなとき、「ダメ!」といいたくなる気持ちを何とか抑えて、

「走っていいんだっけ？」

と確認するのです。

そうすると弟が「ブッブー」と答えます。1歳でも約束はわかっているわけです。

お菓子売り場につけば、やはり約束を忘れてお菓子をベタベタさわります。

「ねえ、買っていないお菓子をさわっていいんだっけ？」

と聞くと、やはり「ブッブー」。ちゃんとわかっているのです。

わかっていても、走ってしまう。わかっていても、さわってしまう。これが男の子のあふれ出る衝動です。この辺りは、女の子とはずいぶん違うと感じます。

女の子は、親や先生がきちんと説明し、ダメと自分で納得すれば約束を守ります。だからといって、男の子と約束をすることが無意味というわけではありません。今はその衝動を抑えることができなくても、抑えられるようになる日が必ず来るからです。

ダメという前に「約束」してみよう

モンテッソーリ教育では、0歳の赤ちゃんであっても、「ここは危ないから、やめようね」といったように、してはいけないことについても、言葉を使ってその理由を説明しています。0歳の子がわかっているかというと、もちろんわからないことはたくさんあるのですが、**「何かいわれているな」と感じるだけでもいいのです。**「さっきこれはしないって、約束したよね」と確認をすると、「何かいけないことをしてしまったようだ」と感じていることが、表情から伝わってきます。100％理解できていないからといって、伝わっていないわけではないのです。

気をつけたいのは、ダメという言葉とともに子どもに向けられる人格を否定する言葉です。「あなたは何度いってもわからない」「お前はバカなのか」。息子さんは、わかっていないわけではないのです。

わかっていても、してしまう。男の子に衝動があるのは仕方ありません。

そこを理解した上で、**「何かをする前に」約束をする。そして、それが守れなかったときには、約束をしたことを確認する。これを繰り返す**ことで、ちゃんと約束が守れるようになります。大丈夫です。のんびりいきましょう。

「ダメ」という前に、できる工夫が必ずある

モンテッソーリ教育を皆さんにお伝えしている私ですが、もちろん最初から「ダメ」という言葉を封印できたわけではありません。色々やらかす息子に、「ダメ」といってしまっていた時期もありました。

でも、いくら「ダメ」といっても、現状は全く変わりませんでした。「ダメ」ということで、息子の行動が変化したり、良くなることは、ひとつもありませんでした。

現在は、「ダメダメ」いうエネルギーを、最近ではそういわないですむ「工夫」のほうに振り向けています。例えば、お片づけ。**使ったおもちゃを出しっぱなしにする息子に「ダメ」というのではなく、片づけやすい環境を整えておきます。**大きな箱をひとつ用意して、「使ったおもちゃはここに入れてね」といいます。電車と人形とカードが混ざってしまいますが、床に散らばって足の踏み場がないよりはずっとましです。

そして、遊ぶおもちゃの種類を3つくらいに絞っておきます。数を減らすのです。

今夢中になっているもの以外のおもちゃは押入れに入れておき、様子を見て入れ替えます。おもちゃが散らかる原因の一番に来るのが、「おもちゃが多すぎる」ということだからです。

自分が息子さんにどんな場面で「ダメ」といっているかを、観察してみましょう。1日、2日意識すると、たいてい同じ場面でダメ出しをしていることに気づくはずです。その場面がわかったら、ダメといわないですむ工夫を考えてみましょう。例えば、テーブルにしょっちゅう乗ってしまうお子さんは、今「高いところに登りたい！」という衝動があるのかもしれません。そうであるなら、公園に行って、ジャングルジムで遊ぶというのもいいでしょう。それでもやはり家でテーブルに登ってしまったら、

「それは公園のジャングルジムでやることだよ」

と説明します。実際に公園でジャングルジムに登っていますから、説得力もあります。単に「ダメ！」というより、何倍も息子さんに伝わるはずです。

「できた？」の質問はほどほどに
「がんばってたね」

自分では気づいていなかったのですが、私は夕飯時に夫や息子に「おいしい？」と聞くのがクセになっていたようで、「そんなふうに聞くの、やめたほうがいいよ」と注意されたことがあります。

どうも男性陣は「おいしいといわなきゃいけない……」と感じてしまうらしいのです。「おいしいときには、ちゃんと『おいしい』っていうから」といわれて初めて、この質問が「おいしい」という返答の「強要」になっていたことがわかりました。

確かに男の子（大人も含めて）はやさしいですから、こう聞かれたら「おいしい」としかいえないのかもしれません。

私たち大人が子どもにしてしまう似たような質問が、「できた？」です。

一生懸命パズルに取り組んでいる最中に、横から「できた？」と聞いてしまう。これも悪気はないのですが、男の子にとってはとても大きなストレスなのです。

ひとつの理由はこの言葉が、「まだできないの？」と聞こえてしまうこと。

「ママは僕がパズルを完成させるのを待っている。急がなきゃ……！」と思ってしまう子も多いのです。そして焦って、うまくいかなくなってしまうこともあります。

そして、このように声かけをしてはいけないもうひとつの理由は、**男の子は何か作業をしている最中に声をかけられるのが、とても苦手だからです。**これは実は子どもだけではありません。大人も同じです。

旦那さんがパソコンなどで仕事をしているときに、後ろから声をかけて嫌がられたことはありませんか？　私はしょっちゅうあります（笑）。男性は、集中しているときに声をかけられると、その集中が途切れてしまいます。それを嫌がるのです。

女性はマルチタスクがあたり前の世界で生きています。ご飯をつくりながら、洗い物をする。お兄ちゃんの宿題を見ながら、赤ちゃんにおっぱいをあげる。もちろんその間に話しかけられても大丈夫です。話をしながら、作業を続けることができるのは、女の人の特徴です。

ですからつい、**男性にも、そして息子さんにも同じことを求めてしまうのですが、男性はマルチタスクが得意ではありません。**

例えば保育園の食育の時間などは、男女の差がはっきりと現れます。

5人ほどでグループになって、とうもろこしの皮を剥き、ヒゲを取る作業をしたときのことです。女の子はおしゃべりをしながら作業をしています。「このヒゲ長いねー」「こんな薄い皮があるよ！」など、とても楽しそう。皮むきもどんどん進みます。

一方、同じテーブルについている男の子2人は、だまって真剣に、とうもろこしと向き合っています。慎重に皮を一枚一枚はがし、ヒゲをつまみ、ひっぱって……。集中モードに入り、言葉を発することはありません。

では、男の子が何かをしているときに、どんなふうに声をかけ、励ましたらいいのでしょうか。私の答えは、

声はかけない

です。**とにかく終わるまで待ちます。相手が何かいってきて初めて、それに答えます。**そんなときには、

「がんばってたね」

など、「ママはあなたを見ていたよ」ということがわかる言葉を伝えるといいでしょう。

間違っていることの指摘もNG

これだけ集中している男の子ですから、実際には声をかけても気がつかないということもあります。ママを無視しているわけではないのです。

集中している男の子のマイワールド

つい「話を聞いていない！」などと怒りたくなるかもしれませんが、そこはぐっと我慢。**作業中の男の子の耳は、外部の音をシャットアウトしていると考えておきましょう。**

よくお母さんたちがしてしまうのが、間違いの指摘です。

息子さんがはめようとしたパズルのピースをとって「これじゃないんじゃない？」などといって、横から介入します。小学生ママであれば、漢字練習中に、「ほら、ここ線が1本たりないでしょ」「書き順違うわよ！」などと、良かれと思って注意をすることもあるでしょう。

しかし、男の子にとっては集中を乱されるだけでもイヤなのに、ママのいう通りにしなければならないわけですから、ひどくイライラしてしまいます。**間違いの指摘はせめて、息子さんが納得のいくまで作業をしてからにしてください。**そうすれば子どもは自分で間違いに気づくことができます。これも大切な学びです（口絵1ページ）。

あるお母さんは、「息子の漢字が間違っていても、その場で指摘するのをやめた」といっていました。

それまでは、書き取りの途中に間違いを見つけると、それをその場で注意して、書き直しをさせていたといいます。すると普段はおとなしい息子さんが、大泣きして抵抗することが続いたそうです。

今では、息子さんの漢字練習が全部終わるまで待ってから、ノートを見て、間違いを見つけたら別の機会を見つけて教えているといっていました。お風呂で教えることも多いため、お風呂には「お風呂クレヨン」を常備しているそうです。

「じゃあ、また今度」の約束は必ず守る

「この前約束したから～」

ママたちがよくいう言葉に、「じゃあ、また今度」があります。

子どもが何かをしたがっている、でも今はできない。そんなときに便利なこの言葉。でも、この「また今度」、この約束を皆さんは本当に守っているでしょうか？

先日もこんなことがありました。買い物の帰り道、3歳の息子が「たい焼きが食べたい」といい出しました。おやつを食べたばかりだったので、「たい焼きはまた今度ね」と何の気なしにいったのですが、それから3日後、買い物の帰りに息子が「たい焼き、まだ？」と聞いてきたのです。3歳の子でも、数日前の約束をちゃんと覚えているのです！

このような小さな約束は、実は守られないことも多いはずです。**ママにとっては何**

気ない小さな約束であっても、子どもにとってはそうではありません。

「たい焼きが食べられるのはいつだろう？　買い物に行ったときかな？」などと、ワクワクしながらこの数日間を過ごしていたかもしれないのです。それなのに、約束が守られなかったとしたら、どれほどがっかりすることでしょう。

このようなことが続くと、親に対する信頼は、親が思っている以上に大きく損なわれることになります。「ママはどうせ約束を守ってくれない」とお子さんに思われてしまったらとても悲しいことですし、これから先、いうことを聞いてくれなくなる可能性もあるからです。

守れないなら、約束をしない

大切なのは、守れないなら約束をしないことです。

その場をしのぐためについ、「また今度」といってしまうようなことはたくさんあります。「アイスが食べたい！」「また今度」。「本屋に寄りたい」「また今度」。「○○ちゃんを家に呼びたい」「また今度」。

ともすると、このような日常のひとコマの出来事は、すっかり忘れてしまうものですが、皆さんはぜひ、**この「また今度」を「子どもとした約束」として、しっかり覚えておいてください。**だって、お子さんはしっかりと覚えているのですから。

親がちゃんとその約束を守ったときには、

「この前約束したから、今日は本屋さんに寄って帰ろうね」

などと、「約束を守ったよ」ということを伝えてもいいですね。お子さんはきっと「ママは僕との約束を覚えていてくれたんだ！」と、嬉しく思ってくれるはずです。

親との信頼感は、このような毎日の小さな約束の積み重ねで、培われていくのです。

興奮しているときにかける言葉はある？

「聞いてるよ」

スーパーで「これが欲しい〜!!」と泣き叫ぶ。「こっちの道から行く！」と無理やり手を引っ張って暴れる。出かけようとしているのに「行かない」といって泣き出す。そんな興奮している子どもに効く、魔法の言葉があればいいのですが、残念ながらそのような言葉はありません。こんなとき、どんな言葉をかけても子どもの耳には残念ながら届かないのです。

状況が許すのであれば、まずは泣くだけ泣かせてあげるのが一番です。

我が家の次男もよく癇癪《かんしゃく》を起こします。外にいるときには、なるべく迷惑にならない場所に移動して、泣きたいだけ泣かせます。

家にいるときには、ご近所に迷惑にならないように、窓とカーテンをさっと閉めて泣かせます。そうすると、意外に早くスッキリして、いきなり何か別のことを始めたりするものです。

1歳～2歳くらいの子は特に、言葉でうまく自分の気持ちを相手に伝えることができませんから、泣いたり暴れたりすることで、自分の気持ちを表現することがあります。

男の子は女の子に比べて、言葉の出るのが遅いこともあるので、女の子より少し長く、そういったもどかしい状況が続いてしまいます。

そうはいっても、いつまでも続くわけではありませんから、もう少しの辛抱。私もそう自分自身にいい聞かせています。

話ができる年齢であれば、とにかく話を聞いてあげることです。相手がギャーとなっているとき、こちらも同じようにギャーとなるのではなく、ひと呼吸置いて、

「聞いてるよ」

といってみましょう。

子どもは何か要求があって、興奮しているのですから、こちらはそれを「聞く準備ができている」ことを伝えます。

そうすると「あれをやりたいの」「これが欲しいの」などと、話してくれることもありますし、そうでなくても親が一緒になって叫ぶよりは、ずっと早く落ち着いてくれるものです。2人で叫ぶ、という事態だけは避けるようにしたいものですよね。

もちろん、いつも冷静ではいられないかもしれませんが、2回のうち1回は「聞いてるよ」といってみましょう。癇癪をしょっちゅう起こすお子さんに困っているママは、まずはそこからスタートしてみましょう。

例えば「病院で騒いでしまう」「図書館で走ってしまう」といった場合。

子どもは実は、「今、自分がいる場所が静かにしていなくてはいけない場所だ」ということをわかっていないことがあります。大人にとっては「病院だから、図書館だから当たり前」でも、子どもはそうではありません。気がついていないことも多いのです。

ですから、

「ここはうるさくしていいところかな？　静かにするところかな？」

と声をかけるだけで、気がつく子もいます。

もちろん次に来たときには、忘れているかもしれませんが（笑）、同じ質問を繰り返すことで、いつしかわかるようになるものです。

第4章

「男の子の才能がぐんぐん育つ」環境の整え方

環境を整えると、男の子は自ら育っていく

モンテッソーリ教育では、環境を整えることをとても大切にしています。なぜなら、適切な環境さえあれば、子どもはその中で存分に能力を発揮することができるからです。子ども用の包丁があれば、1歳の子どもでも野菜を切ることができます。子ども用のエプロンをすれば、お手伝いにも身が入ります。

モンテッソーリ園のハンカチには、ここを最初にたたむというステッチがついています。ですから、そのガイドに従って、子どもはきれいにハンカチをたたむことができます。

家ではそのためのステッチを縫うことはできないかもしれませんが、ちょっとした工夫でいいので、印をつけたりしてあげると、子どもも喜んで自分のハンカチをたた

むようになります。

こういったことも、環境を整えることのひとつです。

そのちょっとした工夫をすることが面倒、というお気持ちもすごくよくわかります。私自身、高齢で2人の男の子を授かったので、体力的に余裕があるわけではありません。「プラス1」のことができない。その時間を寝ていたい、ということもしょっちゅうです。

しかし、モンテッソーリ園で働いてきた私は、**敏感期を生きる子どものための小さな工夫が、子どもの能力を飛躍的に伸ばす**ことを知っています。ですから、小さな息子たちのために、自分ができる小さな工夫を日々がんばっているのです。

その点は、きっとこの本を読んでいる皆さんと同じ。男の子ママというのは、息つく暇がないものですが、その中でできる小さな工夫を、あせらずにコツコツと積み上げていきましょう。

子どもの興味を観察しよう

科学者であったモンテッソーリは、**子どもの「わけのわからない行動」の中に、大きく成長するポイントが隠されている**といいます。そのため、親は子どもを「科学者のような気持ちで観察するように」とモンテッソーリ教育では伝えています。

第1章でお話しした敏感期だけでなく、**お子さんが示す興味には、お子さんの能力を伸ばしてくれるポイントが潜んでいるのです。**

現在、お子さんは何に興味を持っているでしょうか。昆虫？　電車？　それとも車でしょうか。これらは男の子の三大興味ですが、この他にも恐竜、戦隊ものなどというお子さんもいるでしょう。

子どもが何に興味があるかがわかれば、そこから知識を広げていくことができます。

「あいうえお表」を貼って、無理やり覚えさせるよりも、ずっとそのほうが楽しく、効率的に学ぶことができるのです。

子どもというのは、ある日突然何かに興味を持つようになります。

例えば急に「アリ」に夢中になったりするものです。そうしたら、アリの図鑑や本、絵本などを子どもの手の届くところに置いておきます。そうすると、自然と手を伸ばして本を見るようになります。

もし可能であれば、アリを飼育するのもいいですね。

アリの巣を観察できるキットが、今は簡単に手に入ります。119ページでお話ししたように、子どもは実物に触れることで多くを学びますから、小さくて飼育可能な昆虫であれば、飼うことはひとつの大きな学びになります。

アリのことを徹底的に知ることも、私は良いと思いますが、そこから横に広げていくこともちろんできます。アリだけでなく、昆虫へ、次は動物へというように、大きな「生き物」というくくりで考えると、学びは際限なく広がっていきます。

このような昆虫への興味は、文字の習得にも関わってくるものです。

カブトムシが大好きなサトシ君。ひらがなよりも先にカタカナを覚えたのにはわけがあります。それは図鑑のカブトムシの名前がすべてカタカナで書かれていたからです。

女の子は「ひらがな→カタカナ」の順番で覚えることが多いのですが、男の子は逆転する場合も多いのです。それは、電車のキャラクターやモンスターの名前、車の名前など、男の子の好きなものにカタカナが多いからです。

カタカナを最初に覚えたサトシ君ですが、最近は図鑑の内容も読みたくて、ひらがなだけでなく漢字もだんだんと読めるようになってきました。**興味のあるところにすごい集中力を発揮する男の子の性質を生かして、学びを広げていきましょう。**

おすすめは大小の図鑑

私のおすすめは、大小の図鑑です。

大きな図鑑は、たくさんの写真と豊富な内容で、見ているだけでも楽しくなりますし、「読む」ことを学ぶことができます。ひとつひとつの文章は短いですから、忙しいママが読んであげるにしても、そんなに長い時間はかかりません。

小さな図鑑は、出かけるときに持っていきます。動物園や水族館、野菜の図鑑などはスーパーに行くときに持っていってもいいですね。

小さな図鑑を持って動物園に行くと、息子は、図鑑と動物を見比べています。本物は動くし、匂いもします。一度本物を見ておくと、図鑑の見方が変わってきます。図鑑を見るたびに本物を思い出すことができれば、それは一段深い学びとなります。

動物園でリスを見たときのことです。家に帰ると大きな図鑑を出して「リスどこだっけ？」といって探していました。そんなふうに**実際の経験と図鑑を結びつけることができると、より知識として定着するようになります。**

たくさんのものを与えすぎない

子どもの興味がどこにあるのかわからない、という方もいます。特定のものに興味を示すことがないというのです。
そのような場合に有効なのが、おもちゃの数を徹底的に減らすことです。おじいちゃん、おばあちゃんを始め、周りの大人が、良かれと思ってたくさんのおもちゃを買ってあげている場合、子どもの中にある本当の興味を引き出せないことがあるからです。

レン君の家は、子どもが大好きなあるキャラクターグッズであふれていました。おばあちゃんが遊びにくるたびに、新しいおもちゃやグッズを買ってきてくれるとのこと。レン君は自分がそのキャラクターが好きかどうかもわからないうちから、それに囲まれて、そのおもちゃでばかり遊んでいるというわけです。

ものがあふれている、与えられすぎていると、子どもは本当に自分の好きなものを選ぶことができません。モンテッソーリ教育では、2つの選択肢から始めて、徐々に選択肢の数を増やしていきます。子どもはたくさんの選択肢から選ぶことができないからです。

男の子のトイレのヒント

みんなが困る、トイレトレーニング

トイレトレーニングも相談の上位に来るものです。

これこそママは、パパの協力を頼みましょう。パパからいわゆる「立ちション」の仕方を教えてもらうのです。これができるようになると、トイレトレーニングは早く進みます。

なぜならおしっこをするときに、ズボンとパンツを全部脱がなくて良くなるからです。特に冬は寒いので、男の子はズボンを脱ぐのを嫌がります。それが原因で、トイレトレーニングが進まないということもあるのです。

教え方は簡単。パパに見本を見せてもらうだけです(笑)。実際に立ってできるようになると、混んでいる女性トイレに子どもと一緒に並ばずにすみます。

男の子は急に「おしっこ」という場合も多いですから、そんな緊急事態に備えて、なるべく早く立ってできるようにしておくほうがいいでしょう。男性トイレは大抵空いていますからね。

そして、通う予定の幼稚園や保育園のトイレを見学しておくのも大切です。いざ入園となって、おまるや座ってトイレをしていた子が立っておしっこすることになっても、急にできるわけがありません。

最近は女性用トイレに小さい男の子用のトイレがあるところも増えています。もしパパが無理という場合に備えて、そういったトイレをチェックしておくのも大切かもしれません。

オムツからお兄さんパンツへの移行は？

どのように移行するかは、息子さんのタイプによります。息子さんがおおらかなお子さんの場合は、トイレで何回か成功した時点で、オムツを取ってもいいでしょう。その後何回か失敗しても、オムツに逆戻りすることはありません。

しかし、息子さんが失敗を恐れるタイプだった場合は、慎重に。トイレに誘ってウンチができて、オムツにもしないということがわかった時点で、パンツへ移行します。子どもの性格を見て、判断していきましょう。

プライドが高くて絶対に失敗したくない、という子の場合は、パンツに移行する前に本人に「お兄さんパンツ履いてみる?」と聞いてみましょう。自分で決めた場合は、たとえ失敗をしたとしても、その後もチャレンジする気持ちになることが多いからです。

気をつけたいのは、トレーニングパンツです。

最初は2層、3層くらいだったのが、この頃は6層という相当厚いものもあります。これだとオムツと変わらず、パンツがおしっこをぐんぐん吸収してくれます。そのため親は楽なのですが、失敗してもジャーっとならないので、気持ち悪さを感じられないのです。また、夏は暑くて、トレーニングパンツを履いていると子どもはとてもイライラしてしまいます。

「失敗すると、気持ちが悪い」ということを体験することで、子どもも注意をするるよ

うになります。オムツからすぐに薄いパンツに移行する子のほうが、早くオムツを卒業することができます。ただし、最初の1～2週間は、どこで漏らしてもいいようにカーペットなど外せるものは外しておいたほうがいいでしょう。

あるママは、息子さんが「暑いから」といってトレーニングパンツを履くのを嫌がったために、すぐに薄手のパンツを履かせることになりました。

最初の1週間は毎日失敗し「これはいつになったら終わるのだろう……」と、暗い気持ちになったそうです。しかし、2週間目に入ると、「おしっこ」といって自分でトイレに行くようになり、それから失敗することはなくなったそうです。

「トイレは？」の確認もほどほどに

映画館でのことです。隣に座ったパパとママが、4歳くらいの息子さんに、5分おきくらいに「トイレは？」と聞いています。「こんなところで、おもらししたら大変！」というお気持ちはわかるのですが、これでは子どもは映画に集中することができません。

トイレトレーニングの始まりというのは、親子ともにストレスを感じるものです。親は（特に外出先では）失敗させてはいけない、というストレスを抱えていますが、それは子どもだって同じです。失敗したい子なんていないからです。

あまり頻繁に「トイレは？」と聞きすぎると、それはお子さんにとって大きなストレスになります。聞かれるのが嫌で、オムツへ逆戻り……とならないように、声かけもほどほどに。

ベビーカーに乗りっぱなしですか？

トイレトレーニング成功のカギが、実は「筋肉」にあることはあまり知られていないようです。

子どもはこの時期、たくさん歩くことで、直接、膀胱を締める排尿筋だけではなく、腹圧をかけるための腹直筋や骨盤底筋群など、膀胱周りの筋肉を発達させます。これらの筋肉が発達すると、トイレ調節の機能につながるのです。我慢したり、出したいときに出したりできるのは、この筋肉のおかげです。

最近はかなり大きくなっても、ベビーカーに乗りっぱなしのお子さんがいます。急に飛び出す息子さんを歩かせるのは危険というお気持ちはわかるのですが、**歩行のための筋肉の発達は、このようにトイレトレーニングにも直結してくる問題です。**

トイレトレーニングが進まない方は、歩く時間が短すぎないか、振り返ってみるといいかもしれません。

男の子の片づけのヒント

片づけができる子どもの環境とは

片づけはママたちの大きな悩みごとです。気がつくとおもちゃがそこら中に散らかっていて、集めるだけでも大変！　まず最初にできることは、おもちゃの数を減らすことです。捨てる必要はありません。

入れ替え制で構わないので、使わないおもちゃは押入れやクローゼットにしまいましょう。数が少なければ散らかったとしても、それほどひどいことにはなりませんし、片づけるのも楽だからです。

おもちゃの棚は、戻す場所を決めておきます。「場所にこだわる」敏感期（50ページ）にあるお子さんは特に、同じ物を同じところに戻したいのです。**もしかすると片づけられないのは、ママがいつも違うところにおもちゃを片づけるからかもしれません。**

また、片づける場所は、一箇所にします。本は寝室、おもちゃはリビングなどと分けていると、迷っているうちに片づける気が失せてしまいます（口絵4ページ）。

我が家ではおもちゃの車や電車が散らかって困っていたので、棚の上とおもちゃに番号を貼りました。そうすると、その番号の場所に戻すようになります。ちょっと手間ですが、このひと手間をかけると後が楽になります（口絵5ページ）。

また家の中で乗るおもちゃの車のために、「駐車場だよ」といって囲いをつくりました。すると「バックオーライ」などといって、そこに戻すようになりました。

戻っていないときは「片づけなさい！」と怒るのではなく、「車は駐車場に戻そうね」といえば、子どもも何をすればいいのかが明確にわかるので、すぐに動いてくれます。

敏感期のお子さんは、実は片づけに向いています。**同じものを同じ場所に戻したい、という性質を生かして、片づけができる環境を整えてもらえればと思います。**

どんな片づけがしたいのか、観察しよう

片づけでも、子どもの観察が効いてきます。お話ししてきたように、**敏感期の子どもには、分類したくてたまらない時期というものがあります。**

例えば公園に行ったとき、石がきれいに大きい物から小さい物に、順番に並んでいたりすることはありませんか？　大きい石、中くらいの石、小さい石ときっちりとグルーピングされていることもあります。敏感期の子どもは、「物を大きさ別に（種類別に、色別に）分けたい」という衝動にかられています。

この衝動を利用して、おもちゃの整理棚を考えると、片づけはうまくいきます。

例えば**モンテッソーリ園では、使う道具ごとに同じ色で統一しています。**ほうきとちりとりは緑のもの、のような具合です。そうすれば、形のちがうもの同士でも、子どもはグループであることがわかります。

そして、ほうきとちりとりを戻す場所に、同じ色のシールを貼っておくことを忘れてはいけません。**緑のシールをお掃除の道具の棚に貼っておくことで、子どもたちも**

戻す場所がわかるわけです。

大人になってしまうと、ほうきとちりとりがセットであることは考えなくてもわかるのですが、子どもはそうではありません。ですから、子どもの目線に合った工夫が大人の側に求められるのです。

兄弟別に色分けをしよう

色分けは、子どもにとってわかりやすいテクニックです。

モンテッソーリ教育を家で実施しているあるご家庭では、3人のお子さんの好きな色「青、緑、赤」を、子どもそれぞれのテーマカラーにしています。

タオルも歯ブラシもコップも下着も、テーマカラー別になっているので、年子の兄弟の下着も、すぐにわかります。歯ブラシを戻す場所にも、同じ色のシールを貼っているので、子どもたちは使い終わった歯ブラシをそこに戻します。

ですから他の子の歯ブラシとわからなくなるということはありません。敏感期にある子どもは、同じものを同じ場所に戻したいので、このように色分けがしてあると片

色分けはとっても便利

うちは3人の子どもに
それぞれテーマカラーが
あります
赤
3才
青
5才
緑
4才
整理整とんが
子どもでもラクラク
タオルや歯ブラシ
コップ、下着
同じ色のシールを
貼ったところに
自分で戻します
誰が散らかした
のかも
一目で
わかるし！
ごめん
なさーーい
あーあ

づけがしやすいのです。

おもちゃも、戻す場所に同じ色のシールを貼っておくだけでも、片づけのガイドになります。時間が許すなら、おもちゃの写真を貼っておくのがベストです。イラストでもいいですよ。子どもが片づける際に、指針となる何らかの印が必要だということです。

モンテッソーリ園では、タオルを用途に合わせて色分けしたり、目印をつけたりしています（口絵4ページ）。私がいた園では、手をふくタオルは白、テーブルをふくタオルは黄色、床をふく雑巾はオレンジ色のように分かれていたので、**子どもたちもどのタオルをどんな用途で使えばいいかが、すぐにわかりますし、使い終わった後は、所定の場所に戻すことができます。**

「片づけなさい！」と怒るのがクセになっている親御さんもいるようですが、片づけられないのは、環境が整っていないからかもしれませんよ。

男の子に対するお手本のヒント

大人は子どものお手本を意識して

子どもは親のことを本当によく見ています。身近なお手本はやはりママのことが多いでしょう。**子どもとママの話し方や口癖がそっくりということは、本当によくあります。**「バカ」「くそっ」のような言葉を使う子の親は、無意識のうちに同じような言葉を使っているものです。

あるフードコートでのことです。6歳くらいのお兄ちゃんが弟に「バーカ」など悪口をいいながらケンカをしていました。混んでいてイライラしていたのか、ママはカッとなって「そんなこといわないの！　何度いってもわからないんだから。バカなの！」と。

「そんなこといわないの！」といっているママが、その言葉を子どもに使っているのです。

足でおもちゃを蹴っている子のママは、あるとき、荷物を足で動かしていました。両手がふさがっているから仕方がないのかもしれませんが、手に持ったものを一度床に置いてからでも間に合うはずです。

大人がしていることを、子どもは本当によく見ています。そして真似をします。ですから、美しい言葉づかいや所作を親自身が意識することは、思っている以上に大切なことです。

コップを置くときに、ガンッと置いていませんか？　ドアを足で開けていませんか？　**男の子だからガサツなのではなく、息子さんは単に親の真似をしているだけかもしれないのです。**

子どもの一番のお手本は、母親と父親です。ですから、2人が仲良くしていることは、子どもにとって非常に良い人間関係の見本になります。もちろんケンカをすることもあるかもしれません。でも、子どもの前ではしないこと。子どもがいないときにしてくださいね。子どもは必ず見ていますから。

パパと男の子の関係を見守ろう

保育園での子どもの会話に耳をかたむけていると、男の子とパパの関係が透けて見えるときがあります。

「パパのこと好き？」と聞かれた年長さんのサトシ君。ちょっと黙った後に「……好きかわかんない」と答えていました。

サトシ君の家は、園への送りはお父さんの担当。いつも楽しそうに通園していますから、嫌いなはずはないのです。これは、サトシ君の気持ちが成長し、父親をライバル視しはじめた兆候です。大好きなママを間に、「父親には負けないぞ」という気持ちが育ってきているのです。

ママと話をすると、「先日も『3人でお出かけしよう』といったら、サトシが『ママと2人がいい!!』といって、パパを困らせていました。パパのことが嫌いなのでしょうか？」と悩んでいるご様子でした。

男の子でもこのような態度を全く見せない子もいます。そんなご家庭は、どうも夫婦よりも、ずっとずっと母と息子がぴったりとくっついている様子が見えます。ママが息子に夢中ですから、男の子は父親をライバル視する必要がないのですね。

息子さんが「パパ、嫌い」などといい出したら、それは順調に心が育っている証拠です。そして、夫婦仲が良い証拠でもあります（笑）。ライバル視は当たり前。それを認めて、見守っていけばいいのです。

男の子の習い事のヒント

習い事は、親が用意できる環境

子どもが本当に何に興味があるかは、実際にはなかなかわからないものです。気をつけたいのが、親の興味を刷り込むこと。

サッカー選手に憧れているパパが、「息子には早いうちからサッカーを」と、物心つく前からサッカーの予定で埋め尽くしてしまうことがあります。

お子さんが実際にサッカー好きになり、なおかつ才能もあった、という場合はいいのですが、なかなか、そううまくはいかないものです。

私の先輩のご家庭では、息子さんの興味が本当にわかるまで、何の習い事もさせなかったといいます。**3歳からの2年間、息子さんの興味がどこにあるかを観察し続けたそうです。**

そして、5歳になったあるとき、息子さんが「どうしてもやりたいことがある」といってきたのです。「何がしたいの？」と聞くと、「バイオリン！」とのこと。いきなりハードルの高い習い事が出てきたため、親としても嬉しいやら困るやら。バイオリンを買って、「やーめた」というわけにはいきませんから、先輩はしばらく様子を見ていました。

それに業を煮やした息子さんは、「保育園のお友だちのおばさんがバイオリンの先生だ」という情報を独自で入手。「僕、○○君のおばさんのところに習いに行くから」と勝手に決めてきたとか。

ここまできて、先輩は「息子は本当にバイオリンが習いたいのだ」と納得し、5歳からバイオリンを習うようになったといいます。

現在息子さんは、絶対音感を身につけ、学校でも合唱の選抜に選ばれるなど、活躍をしています。

先日、今の目標を高校生になった息子さんに聞いてみたら、「花園に出ること」。「花園？」。「音楽家」などという答えを想像していた私は、ちょっとびっくりしました。現在はラグビー強豪校に進学し、レギュラーポジションを獲得、日々練習に明け暮れているそうです。

私がここで感じたのは、「親が子どもの本当の興味が生まれるのを待つ大切さ」です。**最初の興味が生まれるまで待つこと。そして生まれた興味に縛りつけないこと。**

もし、先輩が「バイオリニストにする」とひとつの興味に集中させてしまったら、ラグビーの才能は花開かなかったはずです。子どもの才能が、どのように出てくるかは、このように本当にわからないのです。

親が子どもの興味を観察して見守っていたからこそ、音楽にも、ラグビーにも、その才能を開くことができたのです。

モンテッソーリ教育は、家でもできる

ここまで読んでくださった皆さんは、もうおわかりかと思いますが、モンテッソーリ教育を簡単にいえば、

- **子どもを知る。特に敏感期について知る【↓知る】**
- **子どもをよく観察して、見守る【↓見守る】**
- **環境を整え、必要なときだけ助ける【↓ときどき助ける】**

ということになります。教具を無理に用意したり、モンテッソーリの教室に通ったりする必要はありません。親が子どもの見方を変えるだけでいいのです。

敏感期を知れば、これまで謎に包まれていた（笑）、子どものイライラやわがままの理由がわかるようになります。子どもをよく観察すれば、なぜそこにこだわるのか、何に興味があるのかがわかってきます。そうすることで、**声をかけるのは必要なときだけであり、子どもに合った道具や環境を整える大切さも感じられるようになるはずです。**

モンテッソーリ教育は、親が子どもを見る目線を変えることができれば、どこでも実践が可能です。もちろん家ですることもできます。モンテッソーリ園に通っていたとしても、親が同じような態度で接しなければ、その効果は限定的となります。

大切なのは、何よりも親の態度なのです。

おわりに

本書の最後に、園での男の子の可愛らしいエピソードを紹介したいと思います。

ある夏、富士登山をした私は、翌日にクラスでその話をしました。

年長さんの子どもたちに「富士山の頂上は雲の上なんだよ」と話をすると、ある男の子が恐る恐る聞いてきたのです。

「先生、もしかして雲の上に行ったってこと？　雷さんに会ったんじゃないの？」

私は「雨雲じゃなかったから会ってないよ」というと、「あ～良かった。おへそとられなかったね」といってくれました。

周りにいた女の子は、

「雷さんなんていないよ！」

と冷ややかなコメント（笑）。
こんなところにも、男の子と女の子の違いがあるのです。

先日、女の子のママからいわれたのは、
「男の子は永遠の彼氏っていうもんね。素直で可愛くていいわ。女の子は口が立つから3歳ともなると対等に口喧嘩。大変よ」

ふむふむ、走り回ってどこかにいってしまう大変さはあるけど、口喧嘩どころかお風呂や布団に入ったら耳元で「お母さん好き」とささやいてくれる。そんなとき、「あ〜かわいい」とついついいってしまい、そんな息子に母はメロメロです（笑）。

成人された息子さんを持つ知人からは、「男の子の子育ては小学校まで。後はママ、ママっていってくれないの。だから中学校に上がるまでは手をかけてあげて、それ以降は、自分の時間を楽しむのよ」といわれました。

「はじめに」にも書きましたが、男の子2人の子育ては想像以上に大変です。でも男の子を育て上げたママたちからのメッセージは今すぐにはわからずとも、中学生くらいになったら少しわかるようになるのかなと、そのときまで全力で子育てをしようと改めて心に決めました。

この本の読者の皆さん、私も同じ男の子を育てる悩める母です。その中での気づきを、モンテッソーリ育児アドバイザーとして、皆さんにお伝えできたらと願っています。

私の経験や、アイデアが少しでも皆さんの子育てに役立つヒントになったなら、著者として嬉しい限りです。これからも一緒に男の子の子育てをがんばっていきましょう。男の子の不思議の謎解きはまだまだ続きそうです。

監修に寄せて

この本を手に取ってくださったあなたは、お母さんでしょうか。それとも、お父さんでしょうか。園や学校の先生かもしれませんね。男性ですか？　女性ですか？　この本は、子どもの性差について書かれた本なので、つい、読む方の性別も気になってしまいます。著者の神成先生は女性、お母さん。かつては女の子でした。そして私は男性で、ひとり息子を持つ父親です。半世紀前は、幼稚園に通う男の子でした。

この本は、男の子の育児に悪戦苦闘している皆さんの助けになることを願って書かれました。

男の子の育児は、なぜこんなに難しいのでしょうか。

色々な要素があると思いますが、「男の子はわけのわからないことをするから」というのが大きな理由ではありませんか？

そうなのです。男の子としては、特にむちゃくちゃなことをしているのではありません。大人の方が、男の子の行動の「理由(わけ)がわからない」のです。ここに、大人が困ってしまう原因があります。

お母さんや女性の先生にとって、男の子を理解するのはかなり困難なことです。大きな壁を2つも超えなければならないからです。

まず、大人は、自分が子どもだった頃に考えていたことや感じていたことを、ものの見事に忘れています。これが第一の壁。ですから、子どもの性別にかかわらず、大人と子どもの間には、諍《いさか》いがつきものになってしまいます。

そして、大まかにいって、女性と男性の間には、物事の感じ方や行動の方向にズレ(違い?)があります。ご主人や彼に対して、「何でそんなこと思うの?」「何でそんなことするの?」と憤りにも似た疑問を覚えることがしょっちゅうあるはずです。これが第二の壁です。

そもそも、人が違えば感じ方も好みも全く違うので、「わかり合える」と思うことが間違いなのです。大人と子どもだから、女の子と男の子だからということに加えて、人それぞれに違いがあるのです。大人同士の人づき合いでも、相手の考え方や感じ方の傾向を探り、その嗜好に敬意を払いながらやりとりするからこそ、関係が深まり、うまくつき合っていけるのではないでしょうか。

本当は親子も同じです。ところが親子だと、容姿や気質など、似ているところが多い分、「同じように感じて当たり前」「私ができることはこの子もできて当たり前」などと感じてしまいます。しかし親子といっても別の人格ですから、こちらが理解できない反応をしたり、想像を超えた行動をとったりします。すると大人は、理解しようとしていない自分の短絡さを棚に上げて、怒ったり、矯正しようとしたりするのです。

神成先生はこの本で、たくさんのエピソードを紹介し、男の子が見せる「わけのからない」行動に隠された「育とうとする意思」を説明してくださいました。大人と子ども、女性と男性という2つの壁を、透明にし、柔らかくし、超えやすいものにしてくださっています。お母さんや女性の先生が、男の子を理解し、育つ力に敬意を持つ材料をたくさん提供してくださっています。肩の力を抜いて、お子さんとわかり合う一助となさってください。

頼もしく育った息子さんと、「あの頃は大変だったのよ～」と笑い合える日のために。

百枝　義雄

神 成 美 輝（かんなり　みき）
モンテッソーリ育児アドバイザー。保育士、幼稚園教諭2種。幼稚園4年間、病児保育室2年間の勤務を経て、モンテッソーリ教育で著名な早稲田フロンティアキッズに7年間勤務。その後、2009年12月フロンティアキッズ河田町開設に伴い園長就任。モンテッソーリ教育をさらに実践するために2012年モンテッソーリ教師の資格を取得し、現場に復帰して、系列のメデュケアモンテッソーリ ナーサリースクールにて勤務。モンテッソーリの現場に精通している。子どもは男の子が2人（執筆当時3歳と1歳）。著書に『知る、見守る、ときどき助ける　モンテッソーリ流「自分でできる子」の育て方』（日本実業出版社）がある。

百 枝 義 雄（ももえだ　よしお）
吉祥寺こどもの家園長。モンテッソーリ・ラ・パーチェ トレーニングコース代表。大学卒業後、進学塾の講師・運営職を経て、不登校・高校中退生のためのフリースクールを設立する仕事に従事。人格の土台を形成する教育の必要性を感じ、モンテッソーリ教育と出会う。1998年、モンテッソーリ教育施設「吉祥寺こどもの家」を開園。2012年、新しい教員養成コース「モンテッソーリ・ラ・パーチェ」を立ち上げ、代表を務める。日本全国で、保育士・幼稚園教諭・両親など様々な大人を対象として保育、育児についての研修会や講演会を行う。著書に『父親が子どもの未来を輝かせる』（ソフトバンククリエイティブ）、共著に『「自分でできる子」が育つモンテッソーリの紙あそび』（PHP研究所）など。

男児《だんじ》のなぜ?　どうして?　がスッキリ!!
モンテッソーリ流《りゅう》「才能《さいのう》がぐんぐん伸《の》びる男《おとこ》の子《こ》」の育《そだ》て方《かた》

2018年 9月 1日　初版発行

著　者　神成美輝 ©M.Kannari 2018
監修者　百枝義雄 ©Y.Momoeda 2018
発行者　吉田啓二

発行所　株式会社日本実業出版社　東京都新宿区市谷本村町3-29 〒162-0845
大阪市北区西天満6-8-1 〒530-0047
編集部 ☎03-3268-5651
営業部 ☎03-3268-5161　振 替 00170-1-25349
https://www.njg.co.jp/

印刷／厚徳社　製本／若林製本

この本の内容についてのお問合せは、書面かFAX（03-3268-0832）にてお願い致します。
落丁・乱丁本は、送料小社負担にて、お取り替え致します。

ISBN 978-4-534-05613-9　Printed in JAPAN